CRYPTO-MONNAIES POUR LES DÉBUTANTS

Un guide pour développer votre avenir financier en investissant dans les monnaies numériques, stratégies d'extraction et de négociation

PIERRE ANGLOIS

Table des matières

Introduction

De nos jours, on ne peut aller nulle part sans entendre parler de "crypto-monnaies". Que ce soit aux informations, sur les médias sociaux ou de la part d'un ami, il y a de fortes chances que vous ayez entendu ce mot et ce qu'il signifie ; les crypto-monnaies sont une forme de monnaie numérique qui permet d'effectuer des transactions sécurisées sur Internet.

Récemment, les crypto-monnaies ont suscité un intérêt accru chez les personnes qui souhaitent investir de l'argent dans ce marché en pleine croissance. De nos jours, vous pouvez utiliser les crypto-monnaies pour acheter des produits et des services, ainsi que pour les échanger par l'intermédiaire d'une bourse comme Coinbase, qui est l'une des plus grandes bourses du monde.

Cependant, comme les crypto-monnaies sont si nouvelles, beaucoup de gens ne savent pas comment acheter ou investir dans les crypto-monnaies. Ainsi, ce livre intitulé "Investing in Cryptocurrency for beginners" a été écrit pour fournir un guide complet sur la façon d'acheter, de vendre et d'investir dans les cryptocurrences.

À l'intérieur de ce livre, vous serez en mesure d'apprendre tout sur l'investissement dans les cryptocurrences. En outre, vous serez en mesure d'apprendre quelles sont les meilleures crypto-monnaies dans lesquelles investir et comment les utiliser pour en tirer un maximum de bénéfices. Ce livre vous fournira également un guide détaillé sur la façon de commencer avec les cryptocurrences.

Ce livre est destiné aux investisseurs en herbe qui veulent apprendre à investir dans les crypto-monnaies ou à toute personne qui souhaite en savoir plus sur les crypto-monnaies, ainsi que sur la façon dont elles peuvent être utilisées. Donc, si vous souhaitez commencer à investir dans les crypto-monnaies ou si vous voulez simplement en savoir plus sur ce nouveau phénomène intriguant, alors ce livre est fait pour vous.

Ce livre contient également des informations essentielles sur le marché des crypto-monnaies, notamment sur la façon d'acheter et de vendre des crypto-monnaies, ainsi que sur la façon de les utiliser pour le trading. Il fournit également un guide essentiel sur la façon d'investir dans les crypto-currences en toute sécurité et facilement. En outre, ce livre fournit toutes les informations clés dont les nouveaux investisseurs ont besoin pour investir dans les cryptocurrences.

Êtes-vous prêt à investir dans les crypto-monnaies ?

C'est parti !

1

Introduction au bitcoin

Le bitcoin est né d'une expérience visant à renforcer le système financier pendant la crise financière mondiale de 2008. Il a été développé par une ou plusieurs personnes inconnues qui pensaient que la monnaie Internet était l'avenir du marché mondial. L'identité réelle du créateur de Blockchain reste un grand mystère jusqu'à présent. Sous le pseudonyme de Satoshi Nakamoto, cette dynamo du bitcoin a rédigé le livre blanc qui régit le système. Il a également déployé la mise en œuvre de référence originale du bitcoin et développé la première base de données blockchain. Sa valeur nette actuelle est estimée à environ 34,9 milliards de dollars.

Le voyage n'a pas été facile pour le bitcoin. Comme d'autres concepts étrangers, la réaction initiale du public est généralement le rejet et le scepticisme. Au cours de ses premières années d'existence, il a été associé à des activités douteuses sur le marché noir, comme le blanchiment d'argent, le mode de paiement par ransomware et le trafic de drogue. Il a été critiqué et considéré comme une bulle spéculative. Mais, au milieu de toutes ces controverses, le bitcoin prouve sa valeur. Ce système de monnaie électronique a été reconnu comme l'une des monnaies les plus performantes au monde pendant 4 années consécutives au cours des cinq dernières années. Lorsque l'influent homme d'affaires Elon Musk a annoncé que son entreprise géante Tesla avait acheté pour 1,5 milliard de dollars de bitcoins, son prix de vente s'est envolé et a atteint 44 200 dollars.

Histoire du bitcoin Le bitcoin a été officiellement introduit dans la sphère virtuelle en janvier 2009. Le 22 mai 2010, le programmeur Laszlo Hanyecz l'a utilisé pour la première fois à des fins commerciales en achetant deux parts de pizza Papa John's à Jacksonville, en Floride, pour 10 000 BTC. Avance rapide aujourd'hui, ladite somme vaut 33,7 millions de dollars. Avec une telle somme, vous pouvez vous permettre de franchiser plusieurs points de vente de votre pizzeria préférée.

La chronologie du bitcoin révèle les dates importantes suivantes :

- 18 août 2008 : date à laquelle bitcoin.org a été enregistré. Actuellement, le domaine utilise la protection de confidentialité "WhoisGuard", qui protège l'identité du ou des propriétaires.

- 31 octobre 2008 Satoshi Nakamoto a annoncé, par le biais de la liste de diffusion sur la cryptographie de metzdowd.com, qu'il travaillait sur un système de monnaie électronique sans tiers, de pair à pair. Ce livre blanc, qui a changé la donne, est devenu la Magna Carta de Bitcoin et est désormais publié sur bitcoin.org.

- 3 janvier 2009 Le tout premier bloc Bitcoin est extrait. Il est connu sous le nom de bloc O ou "bloc de genèse".

- 8 janvier 2009 La première version du logiciel Bitcoin est présentée au public sur la liste de diffusion Cryptography.

- 9 janvier 2009 Le minage de Bitcoin a officiellement commencé avec le minage du bloc 1.

Au cours de ses premières années d'existence, Bitcoin a connu quelques difficultés de croissance.

- 2010 Une erreur de codage a produit un grand nombre de bitcoins non minés, entraînant un effondrement temporaire de sa valeur.

. . .

- 2013 Un événement similaire s'est produit, mais avec un impact moindre sur le réseau Bitcoin. Cependant, elle a conduit à la modification du code source ouvert du bitcoin pour empêcher l'apparition future de failles systémiques.

Qu'est-ce que le bitcoin ?

Le bitcoin (noté "₿") est une forme de crypto-monnaie qui peut être utilisée pour acheter des biens et des services sur le marché virtuel. Techniquement, c'est à la fois une monnaie numérique et technologique qui fonctionne comme de l'argent virtuel. Le bitcoin est appelé la "monnaie de l'internet" et est abrégé en BTC ou XBT. Lorsque le bitcoin a été créé, 1 bitcoin valait 0,008 $. À l'heure actuelle, 1 BTC équivaut à 56 589,90 dollars.

Le réseau Bitcoin est composé d'ordinateurs (également appelés nœuds ou mineurs) qui exécutent le code de la pièce et stockent les informations dans le grand livre public ou Blockchain. En janvier 2021, il y avait environ 12 000 nœuds dans le système Bitcoin. Les utilisateurs peuvent accéder à la liste des blocs en cours d'exécution, y compris les nouvelles transactions en bitcoins.

Pour vous aider à mieux comprendre le bitcoin, voici les termes couramment utilisés que vous devez connaître :

- Blockchain La blockchain est le cœur de la crypto-monnaie. Il s'agit d'une technologie innovante et intelligente qui agit comme une base de données électronique d'informations. Chaque transaction complète est considérée comme un élément d'information. Le système la stocke sous forme de bloc. Tous les blocs stockés sont enchaînés ensemble et classés chronologiquement dans le grand livre public. Tous les détails privés sont sécurisés et immuables, ce qui signifie qu'ils ne peuvent pas être altérés ou inversés.

- Portefeuille Bitcoin Un portefeuille Bitcoin est un logiciel spécial qui stocke vos fonds. Il s'agit d'un portefeuille numérique conçu pour faciliter le transfert de bitcoins. Il contient des informations pertinentes, notamment le solde de vos pièces et l'historique de vos transactions. En tant que propriétaire légitime, vous devez créer votre propre clé privée pour accéder à votre argent et le dépenser.

Il existe 4 types de portefeuilles numériques que vous pouvez utiliser pour sécuriser votre actif :

- Le Hardware Wallet est le portefeuille bitcoin le plus sécurisé à l'heure actuelle. Il vous permet de stocker votre bitcoin sur une pièce d'équipement physique et d'y accéder en la connectant à un ordinateur via le port USB. Ce type de portefeuille est pratiquement à l'abri des attaques de virus et des vols. Cependant, il n'est pas gratuit et coûte généralement entre 100 et 200 dollars.

- Le portefeuille de bureau est installé sur votre ordinateur de bureau. Il fonctionne comme votre adresse pour envoyer et recevoir de l'argent. Les portefeuilles de bureau les plus populaires sont Bitcoin Core, Armory, Electrum, MultiBit et Hive OS X.

- Le portefeuille mobile fonctionne comme le portefeuille de bureau mais est plus polyvalent. Ce type de porte-monnaie bitcoin est compatible avec Android ou iOS. Il peut être utilisé lors du paiement d'achats dans des magasins physiques via la lecture de codes QR ou "touch-to-pay". Des exemples de portefeuilles mobiles sont Mycelium Bitcoin Wallet, Hive Android et Bitcoin Wallet.

- Le portefeuille Web facilite l'accès à votre compte bitcoin n'importe où, sur n'importe quel appareil et navigateur. Deux fournisseurs populaires de portefeuilles Web sont Blockchain et Coinbase. Vous devez être prudent lorsque vous choisissez cette option, car le portefeuille Web stocke votre clé privée en ligne.

. . .

- Clés numériques Les clés Bitcoin sont utilisées pour le cryptage et le décryptage d'informations sensibles. Elles se présentent par paires, une clé privée et une clé publique. Ce sont des chaînes confidentielles de chiffres et de lettres qui confirment votre droit d'effectuer des transmissions de bitcoins. Ces clés numériques sont conservées dans le fichier du portefeuille à des fins de sécurité et de confidentialité.

La clé publique est comme un numéro de compte bancaire qui sert d'adresse bitcoin où d'autres personnes peuvent envoyer ou recevoir des fonds. D'autre part, la clé privée est votre mot de passe ou code PIN pour utiliser les pièces dans le portefeuille numérique.

- Signature numérique Votre signature vérifie que vous êtes le propriétaire du compte bitcoin. Cet élément de cryptographie garantit que personne ne peut déchiffrer votre clé privée et d'autres données pertinentes. C'est la face publique de la clé privée qui vous permet de déverrouiller votre bitcoin et d'effectuer une transaction. En saisissant votre signature numérique, il n'est pas nécessaire de saisir la clé privée proprement dite. C'est une preuve suffisante que vous connaissez cette clé privée qui est connectée à la clé publique du bitcoin.

Comment fonctionne le bitcoin Le protocole du bitcoin est sûr sur le plan cryptographique. Il est soutenu et sécurisé par le code source d'algorithmes très complexes. Ce code est crypté par le processus de cryptographie et repose sur des principes mathématiques et d'ingénierie informatique avancés. Manipuler l'approvisionnement en bitcoins et casser le code source est impossible car il est crypté. Cela rend le bitcoin virtuellement sûr contre toute création ou duplication non autorisée d'unités.

Le code source est doté d'une protection intense de la vie privée. Tous les échanges et achats utilisant le bitcoin se font entre propriétaires anonymes enregistrés. Le transfert se fait directement, numériquement et anonymement, ce qui vous permet de contrôler votre argent à votre guise. Il n'y a pas de noms, de numéros de compte et autres identifiants. Chaque utilisateur est identifié par des codes numériques ou des clés publiques. Certains propriétaires utilisent des pseudonymes ou des noms d'utilisateur fictifs.

Les propriétaires de bitcoins ont un accès direct et un contrôle exclusif sur l'utilisation de l'actif numérique. Il suffit d'une connexion internet et de sa clé privée pour accéder aux pièces stockées dans le portefeuille numérique. Le système permet également aux utilisateurs de dissimuler la source et le flux des transactions à l'aide de programmes informatiques spéciaux appelés services de mélange. Vous pouvez échanger en privé une unité spécifique de bitcoin contre une autre unité de valeur identique. Cette action permet de dissimuler la source de vos avoirs.

Il n'y a pas de bitcoins physiques en circulation sur le marché, seulement des soldes dans le système de registre décentralisé. Il ne nécessite pas l'intervention d'un intermédiaire ou d'un intermédiaire financier pour gérer l'échange de fonds. Il n'est donc pas nécessaire d'attendre l'autorisation d'un tiers pour chaque transaction que vous effectuez.

Comme l'argent traditionnel, le bitcoin peut être utilisé comme un produit d'échange et une option d'investissement pour accroître votre patrimoine. Il est portable, irréversible et divisible jusqu'à la huitième décimale. Souvent appelé "or numérique", le bitcoin est sûr et pratique à utiliser. Toute tentative non autorisée est synonyme de vol d'or dans un coffre-fort. Lorsqu'il est stocké correctement, le bitcoin ne peut être ni volé, ni piraté, ni saisi par le gouvernement.

La valeur du bitcoin Le succès du bitcoin à s'imposer comme un actif numérique pouvant être utilisé pour l'échange de biens et de services a ouvert la porte à d'autres crypto-monnaies. Les investisseurs commencent également à voir la capacité du bitcoin à sécuriser les actifs en période d'incertitude économique, car il offre de meilleurs rendements.

La valeur du bitcoin est similaire à celle du papier et de l'argent numérique. Mais sa valeur provient de l'infrastructure, du code, de l'adoption et de la rareté. Sa valeur en tant que nouveau moyen d'échange mondial est également largement influencée par les personnes qui croient aux éléments de changement de jeu du bitcoin. Bien que le bitcoin ne soit pas tangible, son code unique lui confère des propriétés précieuses telles que la rareté, la fongibilité, la reconnaissabilité, la divisibilité et la programmabilité.

- Rareté Le mécanisme intégré du bitcoin limite l'offre à 21 millions seulement. Cela signifie que lorsque les mineurs atteignent cette quantité de bitcoins, la production s'arrête. À ce jour, il y a plus de 18 millions de bitcoins en circulation. Ce nombre change toutes les 10 minutes, à mesure que de nouveaux blocs voient le jour.

L'idée d'une disponibilité finie augmente la demande de bitcoins. D'une certaine manière, cette caractéristique de rareté du bitcoin soutient sa valeur intrinsèque qui est comparable à celle de l'or et des métaux précieux. Contrairement aux monnaies fiduciaires qui subissent une inflation constante et perdent une partie de leur valeur, l'inflation du bitcoin est contrôlée et limitée. La plupart des cas sont dus à la perte de clés privées ou à l'envoi de pièces à une adresse incorrecte ou inexistante.

- Fongibilité et durabilité Quel que soit le propriétaire du bitcoin, sa valeur reste la même.

Chaque bitcoin a sa valeur intrinsèque qui est égale à celle d'un autre bitcoin. Il peut être réutilisé plusieurs fois sans problème de dégradation. Les transactions peuvent ne pas être réversibles, mais le bitcoin peut être restitué par son propriétaire.

- Divisibilité Chaque bitcoin est divisible en 100000000 Satoshi. Un Satoshi équivaut à 0,00000001 BTC, qui est actuellement la plus petite unité de bitcoin. Elle est intégrée dans le code original du bitcoin, mais en cas de besoin, ce niveau de division peut être modifié en 16 décimales ou plus. Cela signifie que votre bitcoin a un niveau de divisibilité infini.

Les autres subdivisions du bitcoin sont le microbothoin (µBTC) qui équivaut à 10 BTC (0,000001 BTC), le milibitcoin, ou bitmil (mBTC) qui équivaut à 10 BTC (0,001 BTC), et le bitcent ou centibicin (cBTC).

- Programmabilité Le bitcoin présente une dimension de programmabilité, contrairement aux monnaies ordinaires du marché. Cet élément donne la garantie que cette crypto-monnaie peut être modifiée pour recevoir des mises à jour et disposer de fonctionnalités pratiques comme les transactions multi-signatures et les contrats intelligents.

- Impossibilité de contrefaçon Toutes les transactions en bitcoins sont vérifiées pour votre protection et enregistrées publiquement dans le grand livre décentralisé et distribué. Les ordinateurs qui alimentent le réseau bitcoin confirment à plusieurs reprises les transactions précédentes, ce qui évite les problèmes de double dépense. Chaque fois que vous transférez ou recevez de l'argent, les nœuds de calcul travaillent pour vérifier les dernières transactions. Cette conception unique et sécurisée du réseau rend votre transaction irrévocable et non falsifiable.

Avantages et inconvénients de l'utilisation du bitcoin Il existe de nombreuses raisons pour lesquelles vous devriez utiliser le bitcoin. Cette innovation technologique est un moyen d'augmenter votre valeur nette et de construire un portefeuille plus diversifié. Si vous êtes un nouveau joueur, vérifier les avantages et les inconvénients de la possession de bitcoins vous éclairera sur son importance et ses avantages. S'il est utilisé correctement, vous avez à portée de main le meilleur outil de création de richesse.

Avantages - Accessibilité Avec le bitcoin, vous pouvez envoyer et recevoir de l'argent partout en temps réel. Vous n'avez pas besoin d'un compte bancaire pour transférer des fonds dans le monde entier. Les paiements transfrontaliers ne sont pas soumis aux jours fériés, aux formalités administratives et aux autres limitations qui surviennent lors du transfert. À ce jour, cette monnaie numérique est le système financier le plus ouvert. Les transactions internationales deviennent plus pratiques et plus rapides.

- Une plus grande liquidité Par rapport aux autres crypto-monnaies populaires, le bitcoin est plus liquide et conserve sa valeur intrinsèque lorsqu'il est converti en monnaies fiduciaires comme l'euro ou le dollar américain. Sa valeur est appelée à s'apprécier par nature. Vous pouvez encaisser ou vendre votre bitcoin et le dépenser comme toute monnaie numérique traditionnelle.

- Portabilité Le bitcoin reste l'actif numérique le plus portable et le plus transférable jamais créé. Les transferts sont effectués à l'aide de canaux de communication tels que la connectivité Internet, les satellites et les ondes radio.

- Contrôle total En tant qu'utilisateur, vous avez un contrôle total sur votre argent durement gagné. Le réseau bitcoin n'a pas d'autorité centrale pour le gérer à votre place. Personne ne peut censurer, modifier son système de réseau ou confisquer votre argent. Vous pouvez effectuer des transactions personnelles et professionnelles à tout moment et où que vous soyez. Les commerçants ne peuvent pas vous facturer de frais supplémentaires sans vous en informer au préalable et sans en accepter les conditions.

- Anonymat et confidentialité Chaque fois que vous utilisez le bitcoin comme moyen de paiement, vos informations personnelles sont tenues à l'écart des personnes peu scrupuleuses. Vous pouvez ouvrir votre portefeuille numérique sans craindre d'être victime d'une usurpation d'identité ou d'un piratage. Il est doté de mesures intégrées de protection de la vie privée qui vous donnent la possibilité de séparer votre compte bitcoin de votre personnalité publique. Pour préserver votre anonymat, vous pouvez utiliser une adresse différente pour chaque transaction. Une autre façon de garantir la confidentialité est d'utiliser un outil automatisé pendant le transfert de fonds.

- Sécurité Le portefeuille bitcoin est crypté et dispose d'une sauvegarde pour assurer la sécurité de votre argent. Le protocole bitcoin est cryptographiquement sûr et ne peut être manipulé par aucune organisation ou individu. Il ne peut être contrôlé par le gouvernement ou toute autre entité étatique comme la banque centrale. Même en cas de représailles pour des actes politiques et des enquêtes criminelles, vos unités de bitcoin ne peuvent pas être gelées ou saisies.

- Transparence Si les informations personnelles restent pseudonymes, la liste de vos transactions effectuées est visible par le public. Cela permet à quiconque d'examiner les transactions qu'il effectue à tout moment dans la base de données. Vous pouvez accéder à l'historique de votre flux de bitcoins pour voir où il va et d'où il vient. Il facilite le suivi du flux des transactions électroniques entre utilisateurs.

- Large acceptation Le nombre croissant d'utilisateurs et de commerçants qui acceptent les bitcoins comme mode de paiement facilite la conduite des affaires. Cela réduit l'exposition aux monnaies fiduciaires.

- Frais de transaction moins élevés Bien que les frais soient variables, les frais de transaction en bitcoins sont généralement moins élevés que ceux des autres méthodes de paiement numérique.

Inconvénients - Non réglementé La protection des acheteurs n'est pas encore une caractéristique du bitcoin. Il n'existe pas de politique normalisée pour les remboursements et les rétrofacturations, ce qui fait que les utilisateurs ne sont pas protégés contre les fraudes de transaction. La structure décentralisée du bitcoin ne permet pas d'arbitrer les litiges entre utilisateurs ni d'évaluer la légitimité des transactions. Le système ne fait que traiter et enregistrer les transactions. Ainsi, lorsque le vendeur ne livre pas le produit que vous avez commandé, il n'y a aucun moyen d'obtenir un remboursement. Une fois que l'argent a quitté votre portefeuille numérique, il est impossible de récupérer ou d'annuler la transaction.

. . .

- Volatilité Le bitcoin est susceptible de connaître des fluctuations de prix sur une courte période. Les prix peuvent monter en flèche ou chuter soudainement en raison de circonstances aggravantes. Lorsque le FBI a déclaré qu'il traitait le bitcoin et d'autres monnaies numériques comme des "services financiers légitimes", sa valeur a atteint un sommet. En revanche, lorsque Mt. Gox s'est effondré, la valeur du bitcoin a chuté de plus de 50 %. En raison de sa volatilité, cette monnaie ne convient pas aux investisseurs prudents qui préfèrent la garantie d'un horizon temporel plus long. En outre, le nombre limité de pièces et la forte demande influencent la volatilité du bitcoin.

- Utilisation limitée Le bitcoin ne peut pas être utilisé pour des achats hors ligne, car il dépend largement de la disponibilité de la connexion Internet. Vous devez convertir vos pièces en argent ordinaire ou en monnaie fiduciaire pour acheter des biens ou payer des services. La conversion entraîne des frais. Bien que le nombre de prestataires de services et de magasins qui acceptent les crypto-monnaies comme moyen de paiement soit en augmentation, les options sont encore limitées.

- Susceptibilité à la fraude, aux escroqueries et aux cyberattaques Les bitcoins ont leur lot de failles, qu'il s'agisse de petits systèmes de Ponzi ou de piratages massifs qui ont paralysé certains de leurs intermédiaires. En outre, le grand nombre d'utilisateurs du bitcoin en fait une cible pour les criminels et les acteurs du marché noir. Les utilisateurs véreux utilisent le bitcoin pour mener leurs activités néfastes, menaçant ainsi la réputation de la monnaie numérique.

- Impact environnemental L'extraction de bitcoins consomme une énorme quantité d'électricité. Les sociétés d'extraction de bitcoins basées en Chine tirent leur énergie de centrales à charbon, ce qui entraîne la production systématique de smog pathogène.

Façons d'obtenir des bitcoins Il existe plusieurs façons d'obtenir des bitcoins. En diversifiant vos stratégies, vous pourrez en stocker davantage.

1. Extraction minière L'extraction minière de bitcoins est le seul moyen de créer des bitcoins. Il s'agit du processus de génération de nouveaux bitcoins en résolvant des problèmes mathématiques complexes ou des énigmes informatiques. La récompense par bloc est de 12,5 tokens. C'est le moyen le plus rentable d'obtenir des bitcoins, mais aussi le plus difficile.

Les mineurs ont besoin d'un système informatique sophistiqué pour accélérer l'opération de minage de bitcoins. Il s'agit d'un processus nécessaire pour maintenir le grand livre des transactions et libérer de nouvelles pièces de crypto-monnaie.

1. Accepter les bitcoins comme moyen de paiement Placez une bannière "Bitcoin accepté ici" sur votre site web ou votre magasin physique pour donner aux acheteurs la possibilité d'utiliser leur monnaie numérique en échange de biens ou de services.

1. Acheter des bitcoins Que vous soyez un investisseur ou un négociant, l'achat de bitcoins est le moyen le plus rapide de mettre la main sur un montant substantiel. Si vous achetez en ligne, vous devez télécharger un portefeuille de bitcoins pour les recevoir et les stocker. Une fois téléchargé, configurez votre compte sur la bourse de crypto-monnaies approuvée de votre fournisseur de portefeuille.

Les bourses de crypto-monnaies servent de places de marché où les vendeurs échangent des pièces numériques contre de la monnaie fiduciaire ou de l'argent numérique. Il existe également des sociétés d'échange et des particuliers qui acceptent les paiements PayPal, les paiements par carte de crédit ou les virements bancaires. Assurez-vous d'acheter sur des plateformes d'échange légitimes et de confiance pour éviter de perdre de l'argent. Certains échanges recommandés sont Bitfinex, Coinmama, Coinbase et Bitstamp.

Si vous préférez acheter des bitcoins en personne, consultez les sites Web qui présentent des magasins de détail, des agences bancaires, des distributeurs automatiques de bitcoins et des personnes qui échangent des bitcoins contre des espèces.

1. Gagner des intérêts en prêtant des bitcoins Utilisez vos bitcoins pour gagner d'autres pièces. Vous pouvez proposer ce système en vous associant à un ami qui le fait déjà ou par l'intermédiaire de sites légitimes de prêt en ligne de type peer-to-peer comme Bitbond.

1. Effectuer divers petits boulots en ligne pour gagner des pièces gratuites Vous pouvez également gagner des pièces gratuites grâce aux robinets à bitcoins. Ces sites offrent des incitations en échange de la réalisation de tâches telles que :

- Jouer à des jeux en ligne ou mobiles - Partager du contenu - Répondre à des enquêtes - Retweeter des posts - Lire des livres 1.
Parier dans les casinos bitcoin Une autre façon amusante de gagner des bitcoins est de s'inscrire dans les casinos bitcoin. Vous pariez un bitcoin ou de l'argent sur les jeux de casino traditionnels, les loteries et les matchs sportifs pour avoir une chance de gagner une certaine quantité de pièces.

1. Écrire sur la crypto-monnaie Certains organes de presse, blogs et forums offrent des bitcoins gratuits à ceux qui peuvent écrire des articles intéressants sur la crypto-monnaie. Parcourez l'Internet à la recherche d'offres d'écriture sur ce sujet. Il existe également des forums sur les crypto-monnaies qui récompensent les membres établis avec des bitcoins pour avoir partagé leurs idées.

À retenir Le concept révolutionnaire de l'argent vivant sur Internet continue d'attirer les particuliers et les entreprises qui souhaitent protéger leurs liquidités contre l'hyperinflation et la dévaluation. Le marché mondial dispose désormais d'une architecture financière en libre accès, à l'instar des changements révolutionnaires intervenus dans le système de communication. Le bitcoin a modifié le système financier virtuel, en permettant un accès facile grâce aux appareils modernes. Les personnes ne possédant pas de compte bancaire peuvent effectuer des transactions commerciales et transférer des fonds grâce à la technologie de la chaîne de blocs.

Les possibilités infinies d'exploiter la puissance du bitcoin en font une option viable pour diversifier votre portefeuille financier et accroître votre patrimoine. Cependant, comme l'écosystème bitcoin est encore en phase de croissance, il est crucial d'en apprendre les tenants et aboutissants si vous êtes un débutant. Pour l'instant, il est nécessaire de traiter le bitcoin comme un investissement spéculatif et alternatif qui permet de couvrir votre argent.

2

Qu'est-ce qu'une crypto-monnaie ?

Une bonne façon d'envisager une crypto-monnaie est de la considérer comme n'importe quel autre type de monnaie, comme le dollar américain ou l'euro. Comme ces monnaies traditionnelles, il existe de nombreuses crypto-monnaies différentes qui ont leur propre valeur unique basée sur l'offre et la demande. En outre, les crypto-monnaies sont transférées de pair à pair à l'aide de la cryptographie, ce qui les rend sûres et difficiles à contrefaire.

En plus d'être utilisées comme forme de paiement pour les produits et services sur Internet, de nombreuses personnes utilisent également les crypto-monnaies comme investissement en raison de leur offre limitée et de l'appréciation continue de leur valeur. Cependant, contrairement aux monnaies traditionnelles comme le dollar américain ou l'euro, les crypto-monnaies ne peuvent pas être transférées physiquement de personne à personne. Cela signifie que vous avez besoin d'un intermédiaire afin d'échanger vos crypto-monnaies avec d'autres personnes qui en détiennent.

Les crypto-monnaies existent depuis près de dix ans maintenant et leur popularité n'a cessé de croître au fil des ans. En fait, elle est même devenue une forme de paiement acceptée par de nombreux détaillants en ligne. Bien que les crypto-monnaies soient encore relativement nouvelles et n'aient pas encore été adoptées par le grand public, leur popularité augmente rapidement et devrait continuer à croître dans les années à venir.

Ceci étant dit, explorons comment les crypto-monnaies fonctionnent et pourquoi elles sont si populaires.

La définition des crypto-monnaies Une crypto-monnaie est une monnaie numérique créée à l'aide de la technologie blockchain. Le processus de création des crypto-monnaies est appelé "minage" et implique l'utilisation d'un ordinateur pour résoudre des problèmes mathématiques complexes afin d'approuver les transactions sur la blockchain.

Une fois que vous avez effectué une transaction avec succès, le réseau vous récompense avec de nouvelles pièces qui peuvent être utilisées pour effectuer d'autres transactions ou vendues contre de l'argent liquide par le biais d'un échange. En outre, il existe aujourd'hui de nombreux types de crypto-monnaies, chacune ayant ses propres caractéristiques, avantages et inconvénients.

Brève histoire des crypto-monnaies La première crypto-monnaie a été créée en 2009 par une personne ou un groupe inconnu connu sous le nom de Satoshi Nakamoto. Cette crypto-monnaie, connue sous le nom de Bitcoin, a contribué à populariser le concept de crypto-monnaie auprès du grand public.

Au cours des années qui ont suivi, de nombreuses autres crypto-monnaies ont été créées, les plus populaires étant l'Ethereum, le Litecoin et le Ripple. L'Ethereum est actuellement la deuxième plus grande crypto-monnaie en termes de capitalisation boursière, tandis que le Litecoin et le Ripple figurent tous deux parmi les dix plus grandes crypto-monnaies.

Le Bitcoin, l'Ethereum et d'autres crypto-monnaies sont appelées "alt-coins" car il s'agit de formes alternatives de monnaie numérique. Vous pouvez les considérer comme une alternative aux monnaies fiduciaires telles que le dollar américain et la livre sterling.

Une autre chose importante à noter à propos des crypto-monnaies est que, contrairement aux monnaies fiduciaires, elles ne sont pas contrôlées par une autorité centrale. De ce fait, leur valeur a tendance à fluctuer par rapport à celle du dollar américain. Par exemple, en 2012, lorsque le bitcoin a été créé, il valait moins de 10 USD, mais au moment de la rédaction de ce livre, il valait plus de 18 000 USD par pièce.

Bien sûr, chaque crypto-monnaie a ses propres caractéristiques uniques qui la rendent différente de toutes les autres crypto-monnaies. Il s'agit notamment de la rapidité des transactions, du coût des frais de transaction et du degré de sécurité pour les investisseurs. Si vous souhaitez investir dans les crypto-monnaies, vous devrez en savoir plus sur chacune d'entre elles avant de décider dans laquelle vous souhaitez investir.

Comment fonctionnent les crypto-monnaies Avant de décider d'investir dans les crypto-monnaies, vous devez comprendre comment elles fonctionnent. La première chose à comprendre est qu'il n'y a pas d'autorité centrale qui contrôle les crypto-monnaies. Cela signifie qu'elles ne sont pas réglementées par le gouvernement et que les gens peuvent les échanger de manière anonyme sur Internet.

C'est pourquoi de nombreuses personnes ont été attirées par les crypto-monnaies en raison de leur anonymat et du fait qu'elles peuvent être échangées librement et facilement sur Internet. Toutefois, il convient de noter que cet anonymat a également rendu les crypto-monnaies populaires auprès des personnes qui cherchent à mener des activités illicites telles que l'achat de drogues ou d'armes illégales en ligne.

Un autre aspect intéressant des crypto-monnaies est leur nature décentralisée. Divers réseaux informatiques répartis dans le monde entier sont chargés de vérifier les transactions sur la blockchain ; ces réseaux informatiques sont appelés "mineurs" car ils vérifient les transactions et créent de nouvelles pièces en utilisant leur puissance de calcul.

Par exemple, si vous souhaitez acheter des bitcoins d'une valeur de dix dollars, la transaction sera vérifiée et enregistrée dans un nouveau bloc de la blockchain par un mineur du réseau. Pour être en mesure de le faire, les mineurs reçoivent une rémunération pour chaque nouveau bloc créé.

Une fois qu'une transaction a été vérifiée, elle est attachée à la blockchain, qui est un registre public inaltérable de toutes les transactions de crypto-monnaies qui ont eu lieu. La blockchain est également utilisée pour vérifier les transactions et empêcher les gens d'utiliser la même pièce plus d'une fois.

Après cela, la transaction est terminée et les nouvelles pièces peuvent être utilisées comme de la monnaie normale. La blockchain garde également la trace du nombre de pièces existantes et du portefeuille dans lequel elles sont stockées.

Les avantages des crypto-monnaies Si vous envisagez d'investir dans les crypto-monnaies, vous voudrez peut-être connaître les avantages qui en découlent. Il s'agit notamment de :

1. Décentralisation Les crypto-monnaies sont des formes décentralisées de monnaie numérique, ce qui signifie qu'aucune autorité centrale ne les contrôle. Cela signifie qu'il n'y a aucun risque que votre argent soit contrôlé ou vous soit retiré par un gouvernement ou une banque à l'avenir. De plus, comme elles sont décentralisées, vous n'avez pas à vous inquiéter qu'elles soient soumises aux caprices d'une autorité centrale.

Lorsque vous décidez d'investir dans les crypto-monnaies, vous constaterez qu'il existe de nombreuses pièces différentes parmi lesquelles choisir. En effet, il existe plus de 1000 crypto-monnaies. Si vous n'aimez pas une pièce, vous pouvez simplement en acheter une autre à la place.

2. Un moyen facile de gagner de l'argent Si vous regardez le prix d'une crypto-monnaie comme le Bitcoin au cours des 8 dernières années, alors il est facile de voir pourquoi tant de gens sont intéressés à investir dans les

crypto-monnaies. Par exemple, lorsque le bitcoin a été créé, il valait moins de 10 USD, mais au moment de la rédaction de ce livre, il valait plus de 18 000 USD par pièce.

Bien sûr, cette augmentation drastique ne se produit pas avec toutes les crypto-monnaies. Cependant, il existe encore de nombreuses opportunités pour les investisseurs de gagner de l'argent en achetant et en négociant des crypto-monnaies qui ont une faible capitalisation boursière.

3. Offrir un trading 24/7 Une chose que vous devez noter à propos des crypto-exchanges est que beaucoup d'entre eux offrent un trading 24/7 afin que les gens puissent échanger leurs pièces selon leur propre horaire. Cela signifie que même si vous travaillez à temps plein, vous pourrez acheter et vendre vos pièces quand vous le souhaitez.

Un autre avantage de l'utilisation des crypto-échanges est qu'ils offrent une grande variété de crypto-monnaies, y compris beaucoup de celles qui ne sont pas offertes par les échanges de fiats.

4. Transparence Les crypto-monnaies sont également transparentes. Étant donné que les utilisateurs de crypto-monnaies sont en mesure d'envoyer et de recevoir des transactions sans devoir passer par une banque, l'historique complet des transactions est disponible en ligne et peut être consulté par tous. Cela signifie que si quelqu'un prétend recevoir de l'argent de votre part mais que vous ne l'avez jamais reçu, vous pouvez utiliser la blockchain pour vérifier qui l'a reçu de vous et qui le lui a envoyé.

5. Immutabilité La blockchain est également immuable, ce qui signifie qu'une fois les transactions effectuées sur la blockchain, elles ne peuvent pas être annulées ou modifiées de quelque manière que ce soit. C'est pourquoi les utilisateurs de crypto-monnaies se sentent plus en sécurité lorsqu'ils investissent dans des monnaies numériques plutôt que dans des monnaies fiduciaires, car ils savent que leur argent restera en sécurité dans un avenir prévisible. Toutefois, cette immuabilité signifie que si quelqu'un envoie une crypto-monnaie à une mauvaise adresse, il n'y a aucun moyen de la récupérer 6. Frais réduits Un autre avantage de l'utilisation des crypto-monnaies est que les frais de transaction sont beaucoup plus faibles que ceux des autres formes de monnaie numérique. Cela s'explique par le fait que les personnes qui travaillent dans le secteur des crypto-monnaies n'ont aucun intérêt à facturer des frais élevés afin de réaliser des bénéfices. En outre, puisque la crypto-monnaie est une forme décentralisée de monnaie numérique, il n'y a pas d'intermédiaires impliqués lorsque vous effectuez des transactions avec elle.

Elles n'ont pas besoin d'un tiers pour les aider à effectuer des transactions. Cela signifie que les utilisateurs peuvent envoyer leurs pièces directement à d'autres utilisateurs sans avoir besoin d'intermédiaires entre eux. Cela rend également le processus plus sûr par rapport à l'utilisation d'un système bancaire traditionnel où vos coordonnées doivent être envoyées par un intermédiaire comme une banque ou un courtier. Par exemple, lorsque vous négociez des actions sur le marché boursier, votre courtier a besoin de vos informations personnelles et des détails de votre compte avant de pouvoir effectuer la transaction pour vous, tandis que les banques prennent une part de chaque transaction que vous effectuez.

Les inconvénients des crypto-monnaies Bien que les crypto-monnaies soient un excellent moyen de gagner de l'argent, il existe également des inconvénients dont vous devez être conscient avant de décider d'y investir. Il s'agit notamment de :

1. Investissement à haut risque Comme nous l'avons déjà évoqué, les crypto-monnaies peuvent être très volatiles, ce qui signifie qu'elles constituent un investissement à haut risque. Par exemple, si vous regardez le prix du bitcoin le 26 juillet 2017, vous verrez qu'il a atteint un sommet historique de 3 018 USD avant de redescendre à un plancher de 1 857 USD ; ce qui représente une perte de plus de 40 %. (Il convient de noter que ce type de volatilité est assez courant pour les crypto-monnaies). Il est également important de noter que lorsque vous investissez dans des crypto-monnaies, il n'y a souvent aucune assurance ou garantie que vous serez en mesure de récupérer votre argent si les choses tournent mal.

2. Les investisseurs inexpérimentés peuvent être facilement escroqués Si vous êtes nouveau dans le domaine des crypto-monnaies, alors vous pouvez être inquiet d'investir votre argent dans des crypto-monnaies qui ne sont pas légitimes. En effet, il existe de nombreux escrocs en ligne qui veulent soutirer de l'argent aux investisseurs inexpérimentés.

Par exemple, une escroquerie courante que vous verrez en ligne est celle du "Pump and Dump", où les escrocs essaient de rendre une pièce plus populaire en la vantant sur les médias sociaux avant de s'en débarrasser et de laisser les investisseurs avec des pièces sans valeur. Il existe également de nombreux autres types d'arnaques dont vous devez être conscient, comme les arnaques aux ICO, les arnaques au minage et les piratages de portefeuilles.

3. De nombreux échanges en ligne ne sont pas réglementés Un autre inconvénient de l'investissement dans les crypto-monnaies est que la plupart des échanges en ligne n'ont pas de réglementation en place pour protéger leurs utilisateurs contre la fraude ou les erreurs ; ce qui signifie que si quelque chose ne va pas, alors vous pourriez ne pas être en mesure de récupérer votre argent. Par exemple, en 2016, une célèbre bourse américaine appelée GAW Miners a été fermée en raison de problèmes juridiques. Beaucoup de leurs utilisateurs se sont retrouvés sans le sou en conséquence.

4. Peut être assez difficile à investir Le dernier inconvénient de l'inves-

tissement dans les crypto-monnaies est qu'il peut être assez difficile de se lancer. Par exemple, si vous souhaitez acheter de l'Ethereum aux États-Unis, vous devez d'abord acheter des bitcoins, puis échanger ces bitcoins contre de l'Ethereum en utilisant une bourse en ligne telle que Binance ou Coinbase. Cela signifie qu'il peut s'agir d'un processus assez stressant pour commencer avec les crypto-monnaies, et certaines personnes trouvent cela décourageant.

Les différents types de crypto-monnaies Il existe actuellement plus de mille crypto-monnaies différentes, qui peuvent être réparties en plusieurs catégories. Voici les principaux types de crypto-monnaies les plus populaires :

Bitcoin C'est la première crypto-monnaie à avoir été créée, et c'est encore la plus populaire aujourd'hui. Le bitcoin a été lancé en 2009 par un individu ou un groupe d'individus répondant au nom de Satoshi Nakamoto (la véritable identité de cette personne reste inconnue).

Le réseau exige des utilisateurs qu'ils utilisent une blockchain afin d'effectuer des transactions, et de nouveaux bitcoins sont créés par l'exploitation minière. Ces bitcoins peuvent ensuite être vendus contre de l'argent ou utilisés pour effectuer des achats sur un nombre toujours plus grand de magasins en ligne qui acceptent désormais les bitcoins comme moyen de paiement.

Ethereum Il s'agit d'un type de crypto-monnaie plus récent qui a été introduit en 2015 et dont la popularité a rapidement augmenté en raison de sa facilité d'utilisation et de sa grande base d'utilisateurs actifs. Le réseau est construit sur la blockchain et utilise l'éther - un jeton de crypto-monnaie - pour effectuer des transactions.

Ce type de crypto-monnaie peut être utilisé pour créer des applications décentralisées, et est populaire parmi les développeurs en raison de la facilité avec laquelle cela peut être fait. En outre, le réseau intègre des contrats intelligents, qui vous permettent de créer vos propres règles pour les transactions et d'automatiser le processus d'exécution de celles-ci.

Monero Monero a été créé comme une alternative plus sûre au bitcoin, la principale différence étant que les transactions sont totalement anonymes et ne peuvent être retracées. Le réseau utilise un type spécial de cryptographie appelé CryptoNote pour y parvenir, et il est également complètement décentralisé.

Dash Ce réseau est très similaire au bitcoin, mais il a été conçu spécifiquement pour les achats au point de vente. Cette crypto-monnaie a été lancée en 2014 par Evan Duffield après avoir remarqué que le bitcoin présentait de sérieuses limitations lorsqu'il s'agissait d'être utilisé comme une véritable monnaie. Dash est très populaire auprès des commerçants en raison de sa rapidité et de son efficacité lors des achats sur le lieu de vente.

IOTA Ce réseau a été créé en 2015, et est conçu spécifiquement pour l'Internet des objets ("IoT", qui fait référence au nombre croissant d'appareils compatibles avec Internet que nous utilisons aujourd'hui). IOTA utilise une technologie unique appelée Tangle afin d'effectuer des transactions - ce qui est assez différent de la technologie blockchain que la plupart des autres crypto-monnaies utilisent. Ce réseau a été spécifiquement conçu pour l'IoT, ce qui signifie qu'il peut être utilisé pour effectuer des achats sur le lieu de vente de manière sécurisée et rapide.

Litecoin Ce réseau a été créé par Charlie Lee en 2011, et est très similaire au bitcoin. La principale différence entre les deux monnaies est que le litecoin a plus de pièces disponibles (84 millions contre 21 millions pour le bitcoin), ainsi que des temps de génération de blocs plus rapides (2,5 minutes contre 10 minutes). Malgré ces similitudes, le litecoin présente également certaines caractéristiques clés qui le différencient du bitcoin. Par exemple, le litecoin utilise un algorithme de preuve de travail différent appelé Scrypt, a une taille de bloc quatre fois plus grande et offre des temps de confirmation de transaction plus rapides.

Ripple Il s'agit d'un réseau relativement nouveau qui a été créé en 2012 par Chris Larsen et Jed McCaleb. Le réseau est conçu pour permettre le transfert de n'importe quelle monnaie (pas seulement les crypto-monnaies), et utilise une technologie unique appelée l'algorithme de consensus du protocole Ripple pour y parvenir. La plateforme a attiré beaucoup d'attention parce qu'elle se caractérise également par des vitesses de transaction rapides, et peut être utilisée pour transférer n'importe quelle devise - y compris les livres, les euros, les yens ou même les dollars américains. En fait, elle peut également être utilisée pour transférer l'une des centaines de devises disponibles sur le réseau. Il est donc très facile pour les banques et autres institutions financières d'utiliser Ripple comme alternative aux méthodes de paiement traditionnelles comme SWIFT.

Crypto-monnaie vs monnaie fiduciaire La principale différence entre les crypto-monnaies et la monnaie fiduciaire est que cette dernière est contrôlée par une banque centrale. Par exemple, lorsque la Réserve fédérale des États-Unis veut augmenter ou diminuer la quantité d'argent en circulation, elle peut le faire en modifiant les taux d'intérêt.

Ensuite, les personnes et les entreprises prennent cet argent et l'investissent dans d'autres actifs tels que des actions ou des obligations. Grâce à ce système, le dollar américain a pu rester l'une des monnaies les plus stables au monde depuis sa création en 1913.

Contrairement à la monnaie fiduciaire, les crypto-monnaies sont des formes décentralisées de monnaie numérique qui ne sont contrôlées par aucune autorité centrale - ce qui signifie qu'elles ne sont soutenues par rien. Elles sont également connues sous le nom de monnaie "sans fiat", car elles ne sont pas contrôlées par une autorité centrale comme un gouvernement ou une banque. Cependant, contrairement à la monnaie fiduciaire qui est soutenue par quelque chose de physique comme de l'or ou de l'argent que les gens peuvent réellement tenir dans leurs mains, les crypto-monnaies ne sont soutenues par rien.

Mais les crypto-monnaies ne sont pas sans poser de problèmes. Par exemple, si vous envoyez une crypto-monnaie à une mauvaise adresse, elle disparaît à jamais et vous ne pouvez rien y faire. En outre, comme les utilisateurs ne peuvent pas tenir les crypto-monnaies dans leurs mains comme ils peuvent le faire avec des lingots d'or ou des pièces d'argent, elles sont plus exposées à la fraude et au vol.

Cryptocurrency vs. Commodity De nombreuses personnes pensent que les cryptocurrencies sont similaires aux commodities car elles sont extraites et vendues sur des bourses. Cependant, il existe une différence essentielle entre les crypto-monnaies et les matières premières : les matières premières sont produites par des entreprises ou des particuliers, alors que les crypto-monnaies sont complètement décentralisées.

Cela signifie qu'il n'y a pas d'autorité centrale qui régit la valeur des matières premières - ce sont plutôt les forces du marché qui déterminent le prix des matières premières. En revanche, les crypto-monnaies sont contrôlées par les forces du marché, mais ont également une offre fixe, ce qui signifie que leur valeur peut augmenter ou diminuer.

Les matières premières comme l'or et l'argent sont utilisées comme monnaie depuis des milliers d'années. Ce sont également des investissements très liquides par rapport à d'autres matières premières comme le sucre ou le riz. En outre, les matières premières sont faciles à stocker car on les trouve sous de nombreuses formes différentes, comme les pièces, les barres et les lingots.

En revanche, les crypto-monnaies ne sont soutenues par rien de physique et ne sont donc pas considérées comme de l'argent ou une marchandise. C'est pour cette raison que de nombreuses personnes appellent les crypto-monnaies des monnaies virtuelles plutôt que des produits de base. Toutefois, les crypto-monnaies ont un point commun avec les matières premières : leurs prix ont tendance à fluctuer davantage que ceux de la monnaie fiduciaire, ce qui les rend plus lucratives pour les investisseurs qui souhaitent tirer rapidement profit de leurs placements.

Qui possède les crypto-monnaies ? Les crypto-monnaies sont anonymes, ce qui signifie que personne ne sait qui possède une certaine quantité de crypto-monnaies. Cela fait des crypto-monnaies une option viable pour les personnes qui souhaitent effectuer des transactions anonymes.

Toutefois, si vous souhaitez investir dans les crypto-monnaies, vous devrez créer un compte auprès d'une bourse de devises numériques et y relier votre compte bancaire. Une fois cette étape franchie, vous pourrez commencer à acheter et à vendre des crypto-monnaies en toute simplicité.

Il existe de nombreux types de personnes qui possèdent des crypto-monnaies. Par exemple, l'une des crypto-monnaies les plus populaires est Ethereum et le plus grand groupe d'investisseurs est constitué de passionnés de technologie qui veulent l'utiliser pour divers types d'applications décentralisées.

Un autre groupe qui investit dans les crypto-monnaies est celui des personnes qui s'inquiètent de la corruption des gouvernements et de l'effet qu'elle peut avoir sur une monnaie fiduciaire comme l'USD. Par exemple, de nombreuses personnes font confiance aux crypto-monnaies parce qu'il n'y a aucun moyen de les contrefaire et qu'elles ne peuvent pas être gelées ou retenues par une banque centrale.

Pour les commerçants, l'un des principaux avantages de l'utilisation d'une crypto-monnaie comme le Bitcoin ou l'Ethereum est qu'il n'y a pas de risque de rétrofacturation ; cela signifie qu'ils n'ont pas à s'inquiéter du fait que les clients ne puissent pas effectuer de paiements ou inverser leurs paiements sur des transactions précédentes. Cela rend les crypto-monnaies plus intéressantes à accepter pour les commerçants que les méthodes de paiement traditionnelles telles que les cartes de crédit ou PayPal.

Comment obtenir des crypto-monnaies Il existe deux principales façons d'obtenir des crypto-monnaies : les acheter ou les miner. Examinons-les toutes les deux.

Acheter des crypto-monnaies La première méthode que vous pouvez utiliser pour obtenir des crypto-monnaies est de les acheter sur un marché d'échange. Il s'agit de l'option la plus populaire pour la plupart des personnes qui souhaitent investir dans des crypto-monnaies, car c'est le moyen le plus simple de le faire. Tout ce que vous avez à faire est de créer un compte sur un marché d'échange de devises numériques et d'y relier votre compte bancaire. Une fois que cela a été fait, vous pouvez commencer à acheter des crypto-monnaies en toute simplicité ; il suffit de choisir les pièces que vous voulez acheter, puis de procéder à un paiement via votre compte bancaire.

L'une des meilleures choses à propos de l'achat de crypto-monnaies à partir d'échanges est qu'ils facturent généralement des frais très faibles, en particulier par rapport aux méthodes de paiement traditionnelles telles que les cartes de crédit ou PayPal. Par exemple, l'utilisation de PayPal peut coûter entre 2 % et 5 % pour chaque transaction, tandis que les paiements par carte de crédit peuvent coûter entre 1 % et 3 % par transaction. En comparaison, les frais facturés par les bourses de crypto-monnaies vont de

0,25 % à 1 % par transaction, ce qui en fait une option très intéressante pour les investisseurs.

Les échanges de crypto-monnaies sont également plus avantageux que les méthodes de paiement traditionnelles, car ils ne sont pas soumis aux mêmes réglementations rigoureuses que les autres types de méthodes de paiement. Par exemple, de nombreuses sociétés de cartes de crédit gèleront votre compte si vous effectuez trop de transactions dans un certain laps de temps, tandis que d'autres annuleront votre compte si vous effectuez des transactions dans un certain pays. Ces types de règles ne s'appliquent pas aux bourses de crypto-monnaies, car elles veulent attirer le plus grand nombre de personnes possible, ce qui signifie qu'elles n'ont pas de règles arbitraires lorsqu'il s'agit d'effectuer des paiements avec leur bourse.

Extraction de crypto-monnaies Si vous souhaitez investir dans des crypto-monnaies mais que vous n'avez pas d'argent, vous pouvez les extraire vous-même. Cette option est connue sous le nom de "minage" et consiste à utiliser votre ordinateur pour résoudre des problèmes mathématiques compliqués afin d'approuver les transactions sur la blockchain.

Le minage est une bonne option pour les personnes qui veulent gagner de l'argent en investissant dans des cryptocurrences, mais qui n'ont pas d'argent pour les acheter en premier lieu. L'avantage de l'extraction minière est qu'elle peut être réalisée à l'aide d'un ordinateur grand public ; tout ce dont vous avez besoin est une carte graphique décente et une connexion Internet.

Cependant, il est important de noter que vous devrez choisir la bonne cryptocurrency à miner si vous voulez gagner le plus d'argent possible. Par exemple, si vous allez miner de l'Ethereum, vous devriez miner de l'Ethereum Classic, à moins que vous n'ayez déjà investi dans l'Ethereum, car il est plus rentable que son concurrent.

Le montant d'argent qui peut être gagné par le minage varie en fonction de la cryptocurrency que vous choisissez de miner. Par exemple, il existe des crypto-monnaies telles que Monero qui sont devenues populaires pour leurs caractéristiques de confidentialité et qui peuvent rapporter entre 200 et 1 000 USD par jour. D'autres crypto-monnaies comme l'Ethereum peuvent rapporter entre 100 et 1 500 USD par jour, selon l'ordinateur utilisé pour le minage.

Cependant, il est important de noter que le minage est un marché très compétitif et que les prix des différentes cryptocurrences fluctuent régulièrement. Pour cette raison, vous devrez garder un œil sur les prix des différentes crypto-monnaies afin de pouvoir choisir celles qui sont les plus rentables pour le minage à un moment donné.

Comment dépenser votre crypto-monnaie Une fois que vous avez votre crypto-monnaie, l'étape suivante consiste à déterminer comment la dépenser. Pour ce faire, vous pouvez utiliser la monnaie pour effectuer des achats auprès d'entreprises qui acceptent les crypto-monnaies comme moyen de paiement.

Bourses en ligne La façon la plus populaire d'effectuer des achats avec des crypto-monnaies est de passer par une bourse en ligne telle que Coinbase ou Bitfinex, qui permet aux utilisateurs d'effectuer des paiements en Bitcoin, Ethereum et Litecoin. En outre, il existe également des cartes de débit en bitcoin, comme la carte Visa BitPay, qui permettent aux utilisateurs de payer des biens et des services en USD en utilisant des crypto-monnaies.

Cependant, dépenser votre crypto-monnaie peut être un peu difficile pour les débutants car la plupart des détaillants en ligne ne l'acceptent pas comme mode de paiement. Il y a quelques endroits qui acceptent les crypto-monnaies comme moyen de paiement et si vous cherchez à les dépenser, vous devriez considérer ces trois options.

Ebay Ebay est l'un des détaillants en ligne les plus populaires au monde, et lorsqu'il a introduit sa fonction "Buy It Now" en 1999, il est devenu l'une des premières plateformes à permettre aux gens d'utiliser des crypto-monnaies pour leurs achats. Donc, si vous voulez gagner un peu d'argent supplémentaire en vendant des produits sur Ebay, alors vous devriez envisager d'accepter les paiements en monnaies numériques comme le Bitcoin, l'Ethereum ou le Ripple.

Amazon Amazon est une autre plateforme d'achat en ligne populaire qui permet aux gens d'utiliser des crypto-monnaies pour faire des achats sur leur site Web. Bien qu'Amazon ne fournisse aucune information sur la façon d'utiliser les crypto-monnaies sur son site Web, certaines personnes ont découvert qu'elles peuvent être utilisées en enregistrant un compte sur Coinbase et en le reliant à leur compte Amazon. Donc, si vous voulez acheter des choses sur Amazon, vous pouvez envisager d'utiliser les crypto-monnaies comme mode de paiement.

Airbnb AirBnb est un site Web populaire de location à court terme qui permet aux gens de mettre leurs propriétés en location sur la plate-forme. Comme Ebay et Amazon, AirBnb permet aux gens de payer leurs services avec des crypto-monnaies ;

En fait, l'une des premières propriétés listées sur la plateforme a été payée en crypto-monnaies. Donc, si vous cherchez un moyen alternatif de gagner de l'argent, vous devriez envisager de louer votre propriété sur AirBnb.

Initial Coin Offering (ICO) Une autre méthode pour dépenser vos crypto-monnaies consiste à participer à un Initial Coin Offering (ICO). Les ICO sont utilisées pour lever des fonds pour un nouveau projet de crypto-monnaie et peuvent être réalisées par le biais d'une plateforme existante ou d'un site Web personnalisé. La façon dont cela fonctionne est que les investisseurs achètent des jetons de l'entreprise et utilisent ensuite ces jetons pour financer leur projet en échange de bénéfices. Nous y reviendrons dans les prochains chapitres.

Pour dépenser votre crypto-monnaie, vous devrez utiliser une adresse publique. C'est l'équivalent d'un numéro de compte bancaire et elle est utilisée pour identifier votre portefeuille de crypto-monnaies et effectuer des paiements avec celui-ci. Cependant, votre adresse publique ne peut pas être utilisée pour inverser des transactions ou accéder à votre clé privée, qui est la façon dont vous accédez à votre portefeuille.

Une clé privée n'est accessible qu'à l'aide d'un mot de passe appelé "passphrase", qui doit être choisi avec soin. Si votre phrase de passe est perdue ou oubliée, vous ne pourrez jamais accéder à vos crypto-monnaies, à moins de créer un tout nouveau portefeuille avec une nouvelle phrase de passe. Si vous ne voulez pas perdre l'accès à toutes vos crypto-monnaies, n'oubliez pas cette phrase de passe.

La dernière chose que vous devez savoir sur les dépenses en crypto-monnaies est que le traitement des transactions peut prendre un certain temps. Par exemple, alors que le traitement d'un paiement par carte de crédit ne prend que 30 secondes, le traitement d'un paiement en crypto-monnaies peut prendre entre 5 et 60 minutes, selon la crypto-monnaie que vous utilisez. Cela s'explique par le fait que les crypto-monnaies sont beaucoup plus complexes que les méthodes de paiement traditionnelles et qu'elles sont plus lentes à vérifier.

3

Comment investir

Si le minage est une bonne option pour les personnes qui veulent gagner de l'argent avec les cryptocurrences, il ne l'est pas si vous voulez simplement les acheter pour les conserver et voir leur valeur augmenter au fil du temps. Bien que cela soit possible, le meilleur choix est d'acheter des crypto-monnaies et de les conserver pendant un certain temps avant de les vendre pour réaliser un bénéfice.

La meilleure façon d'investir dans les crypto-monnaies est d'utiliser une bourse de devises numériques, comme vous le feriez si vous les achetiez. La principale différence est que, au lieu d'acheter des crypto-monnaies pour vous-même, vous les achetez pour quelqu'un d'autre qui souhaite les conserver.

L'avantage d'investir dans les crypto-monnaies est que les frais facturés par les bourses pour chaque transaction sont beaucoup plus bas que ceux facturés par les sociétés de cartes de crédit ou PayPal. Cela fait des échanges une option très attrayante pour les investisseurs de toutes sortes, car ils peuvent gagner beaucoup d'argent à partir de petites transactions s'ils négocient correctement.

Un autre avantage de l'investissement dans les crypto-monnaies est que si vous les achetez à partir d'un échange, alors l'échange lui-même se chargera de toute la puissance de traitement nécessaire pour les miner, de sorte que tout ce que vous avez à faire est de regarder la valeur augmenter au fil du temps.

Comment investir Pour commencer à investir dans les crypto-monnaies, vous devez suivre les étapes suivantes :

Étape 1 : ouvrir un compte auprès d'une bourse La première chose à faire est d'ouvrir un compte d'échange de devises numériques et de le relier à votre compte bancaire. Pour ce faire, vous pouvez vous rendre sur un certain nombre de bourses de crypto-monnaies différentes, telles que Binance, Coinbase, CEX.io ou Bittrex. Une fois que vous aurez choisi la bourse que vous voulez utiliser, vous devrez suivre les instructions sur son site Web afin de vous inscrire et de relier votre compte bancaire à cette bourse. Certaines bourses exigent que vous fournissiez une preuve d'adresse pour votre compte bancaire afin d'éviter que des personnes utilisent l'argent d'autres personnes à des fins illégales.

Étape 2 : Choisissez la crypto-monnaie dans laquelle vous voulez investir Une fois le compte créé, il est temps de commencer à choisir la crypto-monnaie dans laquelle vous voulez investir. Il existe de nombreux facteurs différents qui détermineront les crypto-monnaies dans lesquelles vous devez investir et la chose la plus importante à faire est d'en choisir quelques-unes qui, selon vous, se porteront bien à l'avenir.

Étape 3 : Transférez des fonds sur votre compte d'échange Après avoir choisi les cryptocurrences dans lesquelles vous souhaitez investir, il est temps de transférer une petite somme d'argent sur votre compte d'échange. Cette somme sera utilisée pour le trading et doit être suffisante pour couvrir les frais associés à toute transaction. La plupart des bourses facturent entre 0,25 % et 1 % par transaction, il est donc important de garder cela à l'esprit lorsque vous calculez le montant à transférer sur votre compte.

Étape 4 : Commencez à utiliser votre compte d'échange Une fois que votre compte d'échange a été créé, vous êtes prêt à commencer à acheter et à vendre des cryptocurrences en l'utilisant. La première chose à faire est d'aller de l'avant et de vendre la crypto-monnaie de votre choix pour de l'argent, en utilisant l'argent qui a été transféré sur votre compte plus tôt. Il est ensuite temps de commencer à acheter d'autres crypto-monnaies avec le produit de la première vente de crypto-monnaies. Encore une fois, tout cela peut être fait en suivant les instructions sur le site Web de votre bourse. Il est important de noter qu'il faudra un certain temps pour configurer un compte d'échange de crypto-monnaies et pour que tout soit prêt, mais une fois le processus terminé, il sera relativement simple de continuer à faire ce que vous voulez.

Étape 5 : Surveillez vos transactions et vos investissements Une fois que vous avez commencé à acheter et à vendre des crypto-monnaies en utilisant votre compte d'échange, il est important de garder un œil sur les transactions qui ont lieu. En effet, la valeur de chaque crypto-monnaie peut fluctuer énormément d'un moment à l'autre. Vous devrez donc être attentif afin de vous assurer que vous ne payez pas trop ou pas assez pour une pièce donnée. Il est bon d'acheter et de vendre de petites quantités de crypto-monnaies au début, jusqu'à ce que vous vous habituiez à la façon dont leur valeur évolue, après quoi il devient relativement facile de réussir. Même les traders expérimentés font des erreurs, il est donc important de ne pas être frustré ou contrarié si les choses ne se passent pas parfaitement à chaque fois.

Étape 6 : Transférez votre crypto-monnaie vers votre portefeuille privé Une fois qu'une certaine somme d'argent a été gagnée grâce à la vente de crypto-monnaie, il est temps de la retirer de l'échange et de la transférer dans un portefeuille que vous contrôlez entièrement. En effet, les bourses sont susceptibles d'être piratées, ce qui pourrait entraîner la perte de tous vos fonds si vous continuez à négocier par leur intermédiaire. Le moyen le plus simple de transférer vos fonds hors de la bourse est de les envoyer à une adresse de portefeuille créée spécialement à cet effet. Il existe de nombreux types de porte-monnaie, notamment les porte-monnaie de bureau, les porte-monnaie mobiles et les porte-monnaie en papier. Chaque type a ses propres avantages et inconvénients, il est donc important de choisir celui qui convient à vos besoins.

Étape 7 : Conservez votre crypto-monnaie pendant un certain temps avant de la vendre La dernière étape du processus consiste simplement à conserver votre crypto-monnaie pendant un certain temps avant de la revendre. Vous pouvez le faire soit en attendant que sa valeur augmente, soit en la vendant lorsque vous avez besoin d'argent pour payer quelque chose. Ce qu'il faut retenir ici, c'est que ce n'est pas une bonne idée de vendre une crypto-monnaie lorsque sa valeur augmente, car vous perdrez alors beaucoup de bénéfices potentiels. C'est pourquoi il est important de toujours fixer un prix cible réaliste pour la vente de votre crypto-monnaie afin que vous puissiez obtenir le plus de profit possible.

Combien devez-vous investir ? Le montant que vous devez investir dans les crypto-monnaies dépend de plusieurs facteurs. La première chose à prendre en considération est la somme d'argent dont vous disposez pour investir, et la deuxième chose est le niveau de risque que vous êtes prêt à prendre. Il est important de comprendre que les crypto-monnaies ne sont pas stables et qu'elles peuvent fluctuer énormément d'un moment à l'autre. Donc, si vous investissez beaucoup d'argent dans les crypto-monnaies, il serait probablement sage de le répartir sur un certain nombre de crypto-monnaies différentes afin que vous ne finissiez pas par tout perdre si elles s'effondrent toutes en même temps.

L'autre élément important à prendre en considération en matière d'investissement est qu'il s'agit d'un jeu à long terme. Cela signifie que vous ne devriez pas vendre en panique si vous avez investi dans une cryptocurrency qui ne se porte pas bien, et vous ne devriez pas non plus être trop excité si vous avez investi dans une qui se porte bien. En effet, au fil du temps, les crypto-monnaies sont connues pour fluctuer fortement, ce qui signifie qu'elles peuvent augmenter de plusieurs milliers de dollars en une seule journée avant de redescendre. Donc, au lieu de vous inquiéter de savoir si votre investissement va monter ou descendre, concentrez-vous sur l'objectif à long terme et pensez à la quantité d'argent qui sera gagnée au cours de quelques mois, voire de quelques années.

Pour connaître le montant exact de l'argent à investir, vous pouvez utiliser la formule suivante :

(Montant d'argent disponible pour investir en USD)/(Prix cible par cryptocurrency) = Montant de cryptocurrency à acheter Par exemple, si vous souhaitez investir 1000 USD dans une cryptocurrency dont le prix cible est de 100 USD, alors le montant de cryptocurrency que vous achèterez sera de 10,5. En effet, il s'agit du nombre de dollars nécessaires pour obtenir 10 pièces au prix cible. Bien entendu, des frais de transaction sont à prévoir, et vous devez donc vous assurer de les prendre en compte lors de ce calcul.

Il est important de comprendre qu'il est possible que les crypto-monnaies perdent leur valeur avec le temps, comme mentionné ci-dessus, il est possible qu'elles perdent de la valeur si elles ne sont pas gardées en sécurité. C'est pourquoi il est important d'investir seulement autant d'argent dans les cryptocurrencies que vous êtes prêt à perdre.

Comment ouvrir un compte Après avoir passé en revue toutes les étapes de l'investissement en crypto-monnaies, il est maintenant temps de voir comment ouvrir un compte auprès d'une bourse. Voici un guide étape par étape sur la façon de procéder :

Étape 1 : Décidez où vous voulez ouvrir un compte Comme mentionné, il existe de nombreux échanges qui vous permettent de négocier des cryptocurrences. En tant que telle, la première étape de l'ouverture d'un compte auprès d'une bourse serait de décider où vous voulez ouvrir votre compte. Pour ce faire, vous devez effectuer des recherches et lire les critiques des différents marchés d'échange qui existent. Cela vous aidera à déterminer quels sont ceux qui ont une bonne réputation et quels sont ceux qui n'en ont pas, de sorte que vous ne pourrez sélectionner que les bourses qui vous conviennent.

Étape 2 : Choisissez un type de compte Une fois que vous avez présélectionné les bourses avec lesquelles vous souhaitez négocier, l'étape suivante consiste à choisir le type de compte que vous souhaitez ouvrir. Il existe trois principaux types de comptes que vous pouvez ouvrir auprès d'une bourse : un compte de base, un compte standard et un compte de négociation professionnel à part entière. Parmi ces trois options, la plus courante est le compte de base, qui ne permet pas le trading sur marge et offre un accès limité à certaines fonctionnalités comme les stop loss.

Si vous souhaitez négocier des crypto-monnaies à un niveau professionnel, vous devez ouvrir un compte de trading avancé ou un compte de trading professionnel à part entière. Cependant, si tout ce que vous recherchez est de faire des transactions et des investissements simples en crypto-monnaies, vous n'avez pas besoin de vous donner la peine d'ouvrir un compte de trading avancé ou professionnel auprès d'une bourse. Une fois encore, cela dépend entièrement de vos besoins et de vos exigences.

Étape 3 : Remplissez tous les formulaires requis Lorsque vous ouvrez un compte auprès d'une bourse, vous devrez remplir quelques formulaires. Ces formulaires comprennent votre nom complet, votre date de naissance, votre adresse et d'autres informations personnelles. Cela permet de s'assurer que vous êtes bien celui que vous prétendez être et que vous avez l'autorité nécessaire pour gérer le compte en question.

Veillez à être honnête et sincère lorsque vous remplissez les formulaires. Remplir un faux formulaire est considéré comme une fraude, et vous pourriez avoir des ennuis pour cela. Enfin, veillez à lire toutes les conditions générales avant de soumettre vos formulaires.

Étape 4 : Vérifiez votre identité Une fois que vous avez rempli les formulaires requis, l'étape suivante consiste à vérifier votre identité. Les bourses d'échange demandent généralement des documents tels qu'une photocopie de votre passeport ou de votre carte d'identité nationale, des factures récentes de services publics et des photocopies d'autres documents d'identification officiels tels que le permis de conduire ou la carte d'électeur. Ces documents sont ensuite utilisés pour vérifier que la personne qui ouvre un compte auprès d'une bourse est bien celle qu'elle prétend être.

Il peut s'écouler entre une heure et une semaine avant qu'une bourse ne vérifie votre identité sur la base des documents que vous lui fournissez. Ce délai varie en fonction de votre lieu de résidence et du pays où se trouve la bourse.

Cinquième étape :

Déposer des fonds sur votre compte Une fois que vous avez ouvert avec succès un compte auprès d'une bourse, l'étape suivante consiste à déposer des fonds sur ce compte. Vous pouvez le faire soit en transférant de l'argent depuis votre compte bancaire, soit en effectuant des transactions en crypto-monnaies. Selon la bourse, vous pouvez même utiliser une carte de crédit ou de débit pour déposer des fonds. Il est préférable d'en discuter avec les représentants du service clientèle de la bourse en question.

Une fois de plus, vous devriez consulter les avis en ligne sur les différentes bourses et leur service clientèle avant d'en choisir une. Cela vous aidera à déterminer quelles bourses ont la meilleure réputation et le meilleur service à la clientèle, et lesquelles ne l'ont pas, afin de faire un choix judicieux et d'éviter tout problème ultérieur. Tout le monde a des goûts et des préférences différents ; si un marché d'échange offre une fonctionnalité qu'un autre n'offre pas, il y a de fortes chances que vous choisissiez celui qui répond le mieux à vos besoins.

Bourses de crypto-monnaies Il existe un certain nombre de bourses de crypto-monnaies différentes que vous pouvez utiliser. La première chose à prendre en considération est de savoir dans quelles crypto-monnaies vous voulez investir, puis de choisir un marché qui propose ces types de crypto-monnaies. Les bourses les plus populaires sont Binance, Bittrex, Coinbase et Poloniex.

Binance Binance est l'une des plus grandes bourses du monde, et elle est basée en Chine. La bourse Binance fonctionne en permettant aux utilisateurs d'échanger leurs crypto-monnaies contre d'autres crypto-monnaies. Il vous permet également d'échanger vos crypto-monnaies contre de la monnaie fiduciaire, ce qui signifie que vous pouvez facilement utiliser Binance pour convertir vos crypto-monnaies en monnaie fiduciaire si vous souhaitez encaisser.

Bittrex Un autre échange populaire est Bittrex, qui est basé à Seattle et a été fondé en 2014. Bittrex offre un large éventail de crypto-monnaies différentes, et il dispose également d'une application mobile. Il convient de noter que le seul moyen de déposer de l'argent sur Bittrex est un transfert bancaire ou un virement bancaire, alors assurez-vous de vérifier le processus avant d'y investir de l'argent.

Coinbase Coinbase est également l'un des échanges de crypto-monnaies les plus populaires au monde, et c'est un échange basé aux États-Unis. Cela signifie qu'elle fonctionne conformément à la loi américaine, donc si vous êtes un citoyen américain, vous voudrez utiliser cette bourse. L'un des plus grands avantages de Coinbase est qu'il est facile à utiliser, donc même si vous êtes un débutant complet, vous serez en mesure de commencer tout de suite.

Poloniex Le dernier mais non le moindre, Poloniex est basé aux États-Unis et a été fondé en 2014. Ils offrent un large éventail de crypto-monnaies différentes, y compris Bitcoin Cash et Ethereum Classic. Ils proposent également le trading sur marge, ce qui signifie que les gens peuvent augmenter leur investissement jusqu'à 3 fois en empruntant de l'argent à Poloniex lui-même. Cependant, cela signifie que les gens doivent garder un œil sur leur trading de marge, car s'ils ne remboursent pas l'argent qu'ils doivent à Poloniex, ils pourraient être obligés de vendre certaines de leurs cryptocurrences à perte.

Comprendre le prix des crypto-monnaies Avant de pouvoir investir dans les crypto-monnaies, il est important de comprendre comment leur prix est déterminé. Comme mentionné précédemment, les crypto-monnaies ne sont pas contrôlées par une autorité centrale. Elles sont plutôt contrôlées par les personnes qui les utilisent. Par exemple, si une crypto-monnaie devient très populaire, davantage de personnes l'achètent et l'utilisent, ce qui incite davantage d'entreprises à l'accepter comme moyen de paiement. Comme plus de personnes commencent à l'utiliser, le prix augmente.

Cependant, l'inverse peut également se produire ; si la valeur d'une crypto-monnaie particulière commence à baisser, cela signifie que moins de personnes sont prêtes à l'acheter ou à la vendre en raison de ses mauvaises performances. Cela fait baisser le prix encore plus jusqu'à ce qu'il atteigne un point où les gens décident qu'il ne vaut plus la peine d'investir dans cette monnaie parce qu'il n'y a tout simplement pas assez d'argent dedans pour qu'ils en tirent un réel profit. C'est ce que nous appelons l'effet "pump and dump" : vous voyez un produit monter et décidez d'y investir, pour découvrir ensuite qu'il a été tellement gonflé que vous finissez par perdre plus d'argent que si vous l'aviez acheté au bas de la pompe.

Avant de décider d'investir dans une crypto-monnaie, assurez-vous de comprendre comment son prix est déterminé. Non seulement cela vous donnera une idée de l'argent que vous pouvez gagner en investissant dans cette monnaie, mais cela vous aidera également à éviter de perdre de l'argent si une crypto-monnaie s'effondre soudainement.

La première chose à regarder lorsqu'il s'agit de crypto-monnaies est la capitalisation boursière de chacune d'entre elles. Fondamentalement, la capitalisation boursière peut être comparée au prix des actions, car elle est utilisée pour déterminer la valeur d'une entreprise. Pour connaître la capitalisation boursière d'une crypto-monnaie, il suffit de déterminer le nombre de pièces de ce type qui ont été extraites et de le multiplier par son prix par pièce.

Par exemple, au moment de la rédaction de ce livre, l'Ethereum valait 650 USD par pièce, le Litecoin 50 USD par pièce et le Bitcoin 8500 USD par pièce. La capitalisation boursière de l'Ethereum était d'environ 62 milliards USD, celle du Litecoin de 2 milliards USD et celle du Bitcoin de 200 milliards USD. Cela montre que l'Ethereum a beaucoup plus de potentiel pour être rentable à l'avenir que le Litecoin ou le Bitcoin, car sa capitalisation boursière est extrêmement faible.

Un autre élément important à prendre en compte est le prix actuel par pièce, ainsi que le prix par pièce de chaque cryptocurrency dans le passé. La raison pour laquelle il est important de regarder le passé est qu'il vous donne une idée du bénéfice que vous pouvez faire en achetant cette crypto-monnaie, et quand il est préférable de l'acheter.

Par exemple, si vous achetez une certaine cryptocurrency lorsque son prix était de 10 USD et que vous la vendez lorsque son prix atteint 100 USD, votre gain sera de 1000 %. En revanche, si vous l'achetez à 10 USD et que vous la vendez lorsque son prix atteint seulement 20 USD, votre gain sera de 400 %. Par conséquent, plus une certaine cryptocurrency est chère par rapport à ses prix passés, plus votre gain potentiel sera important si vous parvenez à vendre cette cryptocurrency à un prix supérieur à celui auquel vous l'avez achetée.

Les risques liés à l'investissement dans les crypto-monnaies Bien que l'investissement dans les crypto-monnaies puisse être une entreprise très rentable, il comporte des risques. Vous devez donc les examiner attentivement avant de décider d'y investir ou non.

Volatilité Le principal risque que vous prenez en investissant dans les crypto-monnaies est qu'il n'y a aucun moyen de savoir combien elles vaudront à l'avenir. Cela signifie que vous pouvez investir 1 000 USD aujourd'hui et découvrir à votre réveil qu'ils ont été dévalués de quelques centaines de dollars, ou qu'ils peuvent augmenter de 1 000 USD ou plus en une nuit.

C'est aussi l'aspect le plus excitant de l'investissement dans les crypto-monnaies, car même s'il est risqué, il a aussi le potentiel d'offrir des gains énormes. Par exemple, il a été mentionné précédemment que le bitcoin valait moins de 10 USD en 2012, mais si vous aviez investi 1 000 USD à l'époque, votre investissement aurait valu plus de 20 millions USD en 2017. Cela montre à quel point les crypto-monnaies peuvent être lucratives pour les investisseurs qui sont prêts à prendre le risque.

Comme mentionné ci-dessus, les crypto-monnaies sont très volatiles. Cela signifie qu'elles ont tendance à monter et à descendre en valeur très rapidement sur de courtes périodes de temps. Ce n'est pas idéal pour les personnes qui cherchent à acheter et à conserver une crypto-monnaie à long terme, car si la valeur chute de plusieurs centaines de dollars, il peut s'écouler des semaines, voire des mois, avant qu'elle ne remonte.

Toutes les crypto-monnaies ne sont pas vouées au succès. En fait, il serait juste de dire que la plupart d'entre elles ne vont pas réussir, donc vous pouvez envisager de diversifier vos investissements sur plusieurs crypto-monnaies au lieu de parier tout votre argent sur une seule crypto-monnaie.

Risque de sécurité Un autre risque lié à l'investissement dans les crypto-monnaies est le risque de sécurité, ce qui signifie que vous risquez de perdre votre argent si votre bourse de crypto-monnaies est piratée et que vos fonds sont volés. Il existe actuellement un certain nombre de bourses qui vous permettent d'acheter et de vendre diverses crypto-monnaies, mais la plupart d'entre elles ont été piratées à un moment ou à un autre en raison d'une erreur humaine ou de mauvaises mesures de sécurité. Par conséquent, si vous choisissez d'investir dans les crypto-monnaies, il est important de choisir un échange réputé qui existe depuis un certain temps et qui a mis en place de bonnes mesures de sécurité.

Considérez que ce marché est encore nouveau. Cela signifie qu'à l'heure actuelle, il n'y a toujours pas de lois ou de réglementations qui régissent les crypto-monnaies, donc si quelque chose de mal arrive à votre crypto-monnaie, comme un piratage ou un vol, il y a une chance que vous ne soyez pas en mesure de récupérer votre argent.

Risque réglementaire Un autre risque à garder à l'esprit lorsqu'il s'agit d'investir dans des crypto-monnaies est le risque réglementaire. Cela signifie que vous courez le risque de ne pas pouvoir utiliser ou échanger vos crypto-monnaies si un gouvernement décide de les interdire. Un exemple de cela s'est produit en Chine en 2017, et cela a fait chuter la valeur du bitcoin de près de 50 %.

Comprendre votre tolérance au risque L'une des choses les plus importantes à faire lorsqu'il s'agit d'investir dans les crypto-monnaies est d'abord de comprendre votre propre tolérance au risque. Cela signifie que vous devez essayer de déterminer combien d'argent vous êtes prêt à perdre avant de décider de vendre vos actifs et de vous retirer.

Par exemple, si votre tolérance au risque est de 5 000 USD, cela signifie que si la valeur d'une crypto-monnaie donnée chute de 5 000 USD ou plus, vous la vendrez pour éviter toute perte supplémentaire. Gardez à l'esprit que la plupart des personnes qui investissent dans les crypto-monnaies n'ont pas de montant de perte fixe et espèrent simplement que la valeur remontera bientôt afin de pouvoir récupérer leurs pertes. Cependant, ce n'est pas une bonne idée, car cela vous expose à des pertes que vous ne pouvez peut-être pas vous permettre. C'est ce qu'on appelle un état d'esprit "à court terme", et cela peut être très risqué.

Au lieu de cela, vous devriez toujours avoir un montant de perte fixe à l'esprit avant d'investir dans une cryptocurrency. Par exemple, si vous avez une limite de 10 000 USD, cela signifie que vous n'achèterez que la quantité de crypto-monnaies pour laquelle vous disposez de 10 000 USD. Ainsi, quoi qu'il arrive, vous ne risquez pas de perdre plus d'argent que ce que vous pouvez vous permettre de perdre.

Chaque personne a une perception différente du risque, et certaines personnes ne se sentiront pas à l'aise d'investir dans quelque chose d'aussi volatile que les crypto-monnaies. Ainsi, si vous êtes novice en matière d'investissement, il est préférable de commencer par quelque chose de moins risqué, le temps de vous habituer au processus d'achat et de vente d'un actif.

La réglementation pour investir dans les crypto-monnaies Comme vous pouvez probablement le dire maintenant, les crypto-monnaies sont fortement réglementées dans certains pays, mais pas dans d'autres. Et, si vous voulez investir dans les crypto-monnaies, vous devrez alors vous renseigner pour savoir si elles sont légales ou non là où vous vivez.

Par exemple, les crypto-monnaies sont illégales en Bolivie, en Équateur et en Islande, alors qu'elles sont légales et réglementées dans des endroits comme l'Inde et le Japon. Aux États-Unis, par exemple, les crypto-monnaies sont réglementées dans un certain nombre d'États et pas dans d'autres. C'est pourquoi il est important de faire vos recherches à l'avance et de voir quelles sont les réglementations là où vous vivez.

Les règles concernant les crypto-monnaies varient en fonction du pays dans lequel vous vivez, mais certaines choses restent les mêmes où que vous soyez. Voici donc certaines des règles de base qui s'appliquent à l'investissement en crypto-monnaies, quel que soit le lieu :

1. Vous devez être âgé de 18 ans ou plus pour investir La première règle est que vous devez être âgé de 18 ans ou plus pour pouvoir investir dans les cryptocurrences. En effet, l'âge légal pour les investissements financiers varie d'un pays à l'autre, et il est illégal pour toute personne de moins de 18 ans d'investir dans quelque chose qui peut affecter son avenir.

2. Vous devez disposer d'une pièce d'identité valide La deuxième règle est que vous devez disposer d'une pièce d'identité valide afin d'investir dans les cryptocurrences. Cela signifie que vous aurez besoin d'une pièce d'identité délivrée par un gouvernement, comme un permis de conduire, un passeport ou une carte d'identité nationale. La raison de cette exigence est que vous devrez faire vérifier votre pièce d'identité à des fins fiscales et de lutte contre le blanchiment d'argent.

3. Vous ne pouvez pas utiliser le trading sur marge pour augmenter votre investissement La quatrième règle est que vous ne pouvez pas utiliser le trading sur marge pour augmenter votre investissement en cryptocurrency. Cela signifie que vous ne pouvez pas utiliser le crédit ou l'argent emprunté pour acheter plus de crypto-monnaies que ce que vous pourriez vous permettre si vous les achetiez avec votre propre argent. Il est important de garder à l'esprit que les bourses de crypto-monnaies ne sont pas comme les plateformes d'échange traditionnelles, et il n'y a souvent aucune réglementation en place en ce qui concerne la façon dont les fonds sont gérés. Ainsi, si vous empruntez de l'argent à un ami ou à un membre de votre famille et qu'il ne rembourse pas ce qu'il doit, il est peu probable que vous obteniez de l'aide du gouvernement ou des forces de l'ordre.

4. Il est illégal d'utiliser les crypto-monnaies à des fins de blanchiment d'argent La règle finale est qu'il est illégal d'utiliser ou d'échanger des

crypto-monnaies à des fins de blanchiment d'argent. Cela signifie donc que si une personne essaie de les utiliser pour cacher son identité ou ses activités à son gouvernement, elle enfreint la loi et risque des amendes ou une peine de prison.

4

L'investissement en bitcoins est-il fait pour vous ?

Le paysage de l'investissement en bitcoins peut être intimidant et déroutant pour les débutants, mais aussi gratifiant. Comme d'autres portefeuilles d'investissement à haut risque, investir dans le bitcoin est à la fois un pari et un plaisir. Il est important d'apprendre à connaître le système et la façon dont il fonctionnera pour vous. Le bitcoin est un investissement volatile. Son histoire a connu des moments difficiles, mais les tendances actuelles sont très attrayantes pour les investisseurs.

Pour les nouveaux investisseurs comme vous, il est crucial de déterminer si vos objectifs d'investissement et votre profil de risque personnel sont en phase avec le système bitcoin. Vous devez vous rappeler que la crypto-monnaie est un actif incorporel. Sa valeur dépend de l'intérêt de l'investisseur. Elle présente des caractéristiques uniques qui vous permettent de multiplier votre argent, ainsi que des risques qui peuvent le faire perdre. Si vous envisagez de diversifier votre argent, consultez les raisons suivantes qui peuvent vous aider à décider si l'investissement en bitcoins est fait pour vous.

Principales raisons d'investir dans le bitcoin 1 - L'adoption du bitcoin est en pleine expansion.

Le bitcoin s'amuse comme un petit fou alors que l'adoption mondiale s'accélère. Les enregistrements montrent que tout au long de 2020, les utilisateurs de bitcoins ont considérablement augmenté, comme le montre le nombre de portefeuilles. De 45 millions de portefeuilles, ce nombre est passé à plus de 67 millions au cours des 12 derniers mois.

Les experts financiers appellent cela le plus grand bull run crypto jusqu'à présent depuis 2017. Selon le rapport de la société de gestion d'actifs CoinShares, les flux entrants dans les produits d'investissement en crypto, dont le bitcoin, ont atteint 1,3 milliard de dollars en janvier 2021. En 2015, la valeur du bitcoin se situait dans la fourchette de 300 à 400 dollars.

En outre, davantage d'investisseurs institutionnels et de sociétés cotées en bourse achètent des quantités massives de bitcoin en tant qu'actif de réserve ou pour le compte de leurs propres investisseurs. De grandes entreprises, dont Tesla d'Elon Musk, ont collectivement acheté de grandes unités de crypto-monnaie, dont le montant atteint son nouveau record historique. À elle seule, Tesla a investi 1,5 milliard de dollars, ce qui a poussé le prix de la BTC à la hausse.

La tendance positive de ces derniers mois a alimenté la frénésie qui a poussé les investisseurs, anciens et nouveaux, à se procurer des bitcoins auprès de diverses sources. Les investisseurs particuliers confient également leurs bitcoins à des dépositaires de confiance comme Square's Cash App, Coinbase et PayPal.

Les acheteurs de BTC via Cash App continuent de croître en nombre, ce qui se traduit par un revenu de 1,63 milliard de dollars, avec un bénéfice brut de 32 millions de dollars au cours du 3e trimestre de 2020. PayPal a également accéléré son propre déploiement de crypto, permettant aux clients éligibles aux États-Unis de vendre, acheter ou détenir des bitcoins et d'autres crypto-monnaies. Elle garantit également qu'au cours des premiers mois de 2021, les 26 millions de commerçants de PayPal commenceront à accepter la crypto comme mode de paiement.

2 - Wall Street rejoint le wagon des crypto-monnaies.

Le bitcoin a écrasé l'or et les autres actions en 2020. C'est le nouveau roi de Wall Street, car de plus en plus de sociétés géantes et d'investisseurs adoptent le bitcoin dans le cadre de leur stratégie d'allocation de capital. La forte performance du bitcoin en fait l'actif le plus performant de 2020.

La plateforme d'analyse d'entreprise MicroStrategy a investi 250 millions de dollars pour acheter 21 454 bitcoins en août 2020 et a poursuivi sa frénésie d'achat. À l'heure actuelle, elle dispose d'une réserve de 71 079 BTC, soit l'équivalent de plus de 3 milliards de dollars. Le deuxième plus grand investisseur en bitcoins est le constructeur de véhicules électriques Tesla avec un total de 1,5 milliard de bitcoins. La banque d'affaires Galaxy Digital Holdings, spécialisée dans les crypto-monnaies, rejoint la liste. Elle possède environ 16 402 BTC, qui valent plus de 770 millions de dollars.

3 - La proposition de valeur unique du bitcoin convient à l'environnement macroéconomique.

Comme l'histoire l'a montré, cette crypto-monnaie est née pendant la crise financière mondiale de 2009. Après plus d'une décennie, elle a connu une croissance exponentielle et a attiré d'éminents macro-investisseurs. La pandémie de COVID-19 déclenche de nouvelles crises financières, ce qui incite davantage d'entreprises et de particuliers à opter pour des alternatives comme l'investissement en bitcoins pour sécuriser leurs fonds. Il semble que Satoshi Nakamoto ait conçu le bitcoin comme une excellente solution à ce scénario mondial. La nature restrictive de l'offre de bitcoin, qui limite son total à 21 millions d'unités seulement, a créé une rareté numérique. Toute l'offre proviendra des propriétaires existants et commandera des prix plus élevés lorsqu'ils les vendront.

4 - Le Stock to Flow (S2F) de Bitcoin est 100% exact.

Bitcoin est un logiciel libre qui a un calendrier d'approvisionnement fixe. Cela rend la mesure du S2F plus précise et plus facile. Le Stock-to-flow (S2F) est un concept d'investissement permettant de quantifier la rareté d'un bien. Le stock est l'offre totale en circulation, tandis que le flux correspond à la quantité de nouvelles offres par an.

Par exemple, en mai 2020, le Stock-to-Flow du bitcoin est de 56, ce qui correspond presque à l'or. Il est possible que lors de la prochaine division en deux, il soit aussi rare que l'or. La division par deux du bitcoin est définie comme le processus consistant à diviser par deux la récompense après le minage d'un ensemble de 210 000 blocs.

Selon la société d'investissement américaine Fidelity, les matières premières ou les actifs ayant un Stock-to-Flow élevé constituent des réserves de valeur supérieures. Ce rapport a également été salué par Grayscale Investment, qui a publié un rapport indiquant que "les matières premières comme l'or, l'argent et le bitcoin ont un S2F élevé et ont toujours été utilisées comme réserves de valeur".

Il est prévu que d'ici 2024, date du prochain événement de division par deux, la valeur du bitcoin éclipsera la valeur de réserve de l'or. Le protocole d'approvisionnement limité codé en dur du bitcoin augmente également sa valeur aux yeux des investisseurs intelligents. PayPal, par exemple, achète actuellement plus de 100 % de la nouvelle offre de bitcoins. Chaque jour, une moyenne de 144 blocs est minée. Chaque bloc génère 6,25 nouveaux bitcoins. En multipliant les unités données, on obtient une moyenne de 900 nouvelles pièces minées par jour.

5 - Le bitcoin a toujours réussi à rebondir plus fort après une chute des cours.

Au cours de la dernière décennie, le bitcoin a réussi à dépasser tous ses précédents sommets historiques et à se rétablir rapidement. À plusieurs reprises, les médias grand public et les médias sociaux ont spéculé sur le fait que le bitcoin ne survivrait pas aux événements qui ont mis son existence à l'épreuve. Pourtant, il reste inébranlable et se renforce.

Au milieu de l'année 2011, le prix du bitcoin était de 30 dollars. Mais le piratage de la bourse de Mt.Gox a fait chuter le prix à 2 dollars en novembre. En avril 2013, le bitcoin a atteint la barre des 260 dollars. Mais en quelques heures, Mt.Gox a été frappé par une attaque DDoS, provoquant une chute de plus de 50 % du prix. Il a fallu sept mois pour que le bitcoin rebondisse et connaisse un nouveau sommet historique.

Le bitcoin a atteint la barre symbolique des 1 000 dollars fin 2013, mais s'est progressivement effondré jusqu'à 175 dollars en l'espace de deux ans. Ce n'est qu'en 2017 que le bitcoin a de nouveau atteint la barre des 1 000 dollars et est allé jusqu'à 20 000 dollars la pièce en décembre 2017.

Cette capacité unique du bitcoin à dépasser tous ses précédents sommets historiques après les crises est une autre bonne raison pour laquelle vous devriez commencer dès maintenant. Avec la dépréciation actuelle de la monnaie et l'inflation du prix des actifs, l'investissement en bitcoin est une couverture ultime.

Peser le pour et le contre Lorsque vous décidez si vous êtes prêt à relever le défi, la première chose à considérer est le risque encouru. La connaissance est le pouvoir, comme le dit le cliché. Investir votre argent durement gagné est une décision importante qui peut avoir un impact sur votre situation financière future, alors soyez intelligent et prudent. Personne ne peut prédire combien de temps la tendance à la hausse va durer.

Le bitcoin a connu des fluctuations de prix entre 2017 et 2019, où sa valeur est passée en spirale d'environ 1 000 dollars à plus de 17 000 dollars. Après un certain temps, il a dégringolé jusqu'à environ 3 000 dollars. Des turbulences extrêmes peuvent entraîner jusqu'à 80 % de perte de sa valeur.

Le bitcoin est-il vraiment l'avenir des transactions financières mondiales ? Survivra-t-il aux épreuves des temps modernes ?

Il est possible de doubler ou de tripler son investissement dans les crypto-monnaies. Elle présente un vaste potentiel de récompenses dont profitent en ce moment même les personnes qui ont osé. De nombreux investisseurs considèrent le bitcoin comme un excellent investissement à long terme en raison de la rareté de son offre sur le marché. Le nombre maximum de pièces serait de 21 millions seulement, ce qui lui confère une plus grande valeur par rapport aux monnaies fiduciaires.

Comment investir en bitcoin en toute sécurité Investir implique toujours d'avoir l'esprit ouvert et d'accepter les risques potentiels, tout en s'efforçant de le faire en toute sécurité. Il est très important de ne pas mettre tous ses œufs dans le bitcoin. Assurez-vous d'avoir un portefeuille d'investissement bien diversifié car, historiquement parlant, le bitcoin a ses courbes et ses virages. Cela a causé des pertes dévastatrices aux investisseurs, mais leur a également permis de réaliser d'énormes profits lorsque le bitcoin rebondit.

L'investissement en bitcoins est idéal pour les investisseurs sérieux, mais flexibles, qui n'ont pas peur des risques. En raison de la nature volatile du bitcoin, il est essentiel que le reste de vos investissements soit sûr et stable. Cela signifie que vous avez plusieurs investissements dans des fonds communs de placement et des fonds indiciels. La meilleure règle à suivre est probablement de n'investir que l'argent que vous pouvez vous permettre de perdre. C'est toujours une bonne idée de se préparer à ce que de mauvaises choses arrivent.

Plusieurs façons d'investir dans le bitcoin Comme les actions, vous pouvez commencer à acheter et à détenir des bitcoins en tant qu'investissement ou choisir d'investir dans des fonds communs de placement. Il existe également des fonds négociés en bourse (ETF), des comptes spéciaux de retraite (IRA) et d'autres variantes.

- Acheter des bitcoins autonomes C'est la façon la plus simple de commencer à investir dans les bitcoins et elle offre un potentiel de gains élevés. Vous pouvez acheter un bitcoin ou une fraction de bitcoin par le biais d'applications de trading. Les meilleurs endroits pour s'en procurer sont Coinbase, eToro, CoinMama, Robinhood, Bisq et BlockFi.

Coinbase et eToro sont des endroits idéaux pour les débutants. Coinbase a un historique de sécurité solide et fiable et offre des frais de transaction raisonnables. Elle compte plus de 43 millions d'utilisateurs vérifiés et dispose d'une longue expérience impressionnante en matière de négociation de crypto-monnaies. eToro est également un excellent endroit pour commencer à acheter des bitcoins. Il dispose d'une plateforme web conviviale et d'un système de copy-trading qui vous aide à apprendre les techniques de trading des traders experts en bitcoins.

Pour commencer à acheter des pièces, vous devez créer un compte et déposer le paiement pour acheter des bitcoins. Une fois la transaction terminée, votre achat sera stocké dans votre portefeuille numérique crypté, et vous aurez accès à l'évolution de son prix. Vous pouvez décider de le vendre ou de le conserver.

- Grayscale Bitcoin Investment Trust À l'heure actuelle, GBIT est la seule fiducie en bitcoins cotée en bourse du secteur. Lorsque vous investissez dans Greyscale, il n'est pas nécessaire de rejoindre une bourse de bitcoins ou de créer un portefeuille numérique pour acheter des actions. Cependant, le coût de chaque action est plus élevé car vous payez également pour la commodité. L'entreprise s'occupe des transactions et fait travailler votre argent pour gagner des intérêts. En outre, vos actions peuvent être détenues dans les comptes Roth IRA, IRA ou autres comptes d'investisseurs/courtiers de votre choix.

En tant qu'investisseur, vous recevrez un produit qui suit la valeur de 1/10e d'un bitcoin. Si la valeur du bitcoin est de 1 000 $, chaque action a une valeur nette d'inventaire de 100 $. GBTC maintient une commission de 2% sur chaque action, affectant sa valeur sous-jacente. Ces frais sont destinés à la facilité d'utilisation, à la liquidité et à la sécurité de votre action.

- Fonds négociés en bourse (ETF) Bitcoin Les ETF Bitcoin permettent aux investisseurs d'investir dans les BTC sans passer par les bourses de crypto-monnaies. Ces fonds négociés en bourse peuvent suivre la valeur du bitcoin et permettent aux investisseurs d'acheter ou de vendre le titre en bourse à tout moment de la journée. Pour commencer à investir dans les ETF, vous devez télécharger une application de trading mobile ou configurer votre compte de courtage en ligne. À la sortie, vous pouvez choisir de recevoir votre argent sous forme de bitcoins réels ou de monnaie fiduciaire.

- Fonds indiciel Les fonds indiciels désignent des portefeuilles composés d'actifs conçus pour imiter la performance de l'indice. De la même manière, les fonds indiciels cryptographiques fonctionnent pour suivre les indices des actifs cryptographiques sur le marché des transactions. Parmi les exemples, citons Bitwise 10 Crypto Index Fund, Cryptoindex et CRYPTO20.

Lorsque vous investissez dans des fonds indiciels cryptographiques, vous possédez un panier d'actifs et pouvez obtenir des dividendes plus élevés. Cependant, les risques associés aux actifs cryptographiques sont également plus élevés.

Récompenses financières et personnelles Les performances écrasantes du bitcoin en tant qu'investissement et en tant que monnaie constituent son argument de vente. De nombreuses histoires de réussite incitent les investisseurs à tenter leur chance dans l'investissement en bitcoins. L'histoire d'Erick Fineman en est une bonne. Il a emprunté 1000 dollars à sa grand-mère lorsqu'il avait 11 ans. C'était en 2011 et le prix du bitcoin était de 12 dollars pièce. Son frère l'a aidé à investir dans le bitcoin. Fin 2013, il a récolté ses bénéfices lorsque la valeur du bitcoin est passée à 1 200 dollars. Il a acheté une entreprise d'éducation en janvier 2015mais l'a finalement vendue pour 100 000 dollars ou 300 bitcoins. Il a choisi les bitcoins et a gagné plus. Il est devenu un millionnaire autoproclamé à l'âge de 18 ans.

Alors, que vous apporte un investissement en bitcoins ?

Liquidité Avec les courtiers en ligne, les bourses et les plateformes de négociation du monde entier, le bitcoin est l'un des actifs les plus liquides.

Cette grande liquidité du bitcoin est idéale pour votre objectif de réaliser des profits à court terme.

Nouvelles opportunités En tant que nouvel acteur du secteur, la volatilité et les fluctuations de prix des crypto-monnaies comme le bitcoin peuvent être décourageantes, mais elles créent également des opportunités pour offrir aux investisseurs des gains massifs.

Un taux d'inflation plus faible Les bitcoins ne sont pas réglementés par le gouvernement, contrairement aux monnaies mondiales. Ce facteur et le système de blockchain infini maintiennent la valeur de vos cryptos intacte.

Négociation minimale et rapide La négociation des bitcoins est simple et minimaliste par rapport à la négociation traditionnelle des actions qui nécessite une licence ou un certificat.

Possibilité d'atteindre vos objectifs La demande croissante de bitcoins en accroît la valeur. En profitant de sa popularité et de son adoption mondiale en tant que moyen d'échange de biens et de services, vos chances de réaliser des bénéfices plus élevés sont grandes.

Revenu régulier Investir peut vous procurer un revenu régulier capable de couvrir vos dépenses quotidiennes. Il est préférable de disposer d'un éventail d'investissements pour vous assurer que vous ne perdrez pas tout votre argent lorsque l'un d'entre eux s'effondrera.

Les cycles émotionnels En matière d'investissement, le comportement des investisseurs est devenu le centre d'intérêt de diverses études. En tant qu'êtres humains, nous laissons parfois nos émotions prendre le pas sur nos pensées rationnelles lorsque nous prenons des décisions. Cela conduit aux cycles émotionnels des investisseurs qui aboutissent à des décisions de mauvais timing.

Il est normal de s'enthousiasmer lorsque vos portefeuilles d'investissement sont performants ou d'être déçu lorsque les choses vont mal. Lorsque tout semble aller bien, vous pouvez penser que rien ne peut vous empêcher d'obtenir votre part de succès. Lorsque les choses vont mal, vous avez tendance à prendre des mesures draconiennes. Et comme les émotions ont un impact important sur votre santé financière, il est nécessaire que vous soyez conscient du cycle des émotions du marché. Les comprendre vous donne un coussin de protection contre les conséquences négatives qui peuvent découler de réactions irrationnelles et impulsives.

En toute logique, votre réponse émotionnelle à votre investissement dépend des conditions du marché. Cela génère différentes vagues d'émotions ou cycles émotionnels.

- Optimisme Tout investisseur commence son parcours d'investissement avec optimisme. La perspective positive vous rend confiant pour acheter un portefeuille ou un produit d'investissement. Vous vous attendez à ce que les choses se passent bien et vous appréciez le retour sur investissement.

- Excitation Vous êtes maintenant un investisseur fier et vous anticipez la possibilité d'obtenir des rendements élevés. Vous vous sentez excité lorsque le marché commence à monter et concrétise vos attentes.

- Excitation Alors que le marché continue à bien se comporter, vous commencez à profiter des gains et vous vous sentez très confiant dans votre décision. Vous devenez plus enthousiaste.

- Euphorie Le marché est en hausse et vous ne voulez pas manquer l'occasion de gagner plus. Vous voyez que presque tout le monde se jette à l'eau et achète davantage d'actions. Dans ce cycle, vous commencez à croire que tout ce que vous touchez se transforme en or et que vous ne pouvez pas vous permettre de faire des erreurs. Vous commencez à croire que vous pouvez battre le marché. À ce stade, le gain financier potentiel est élevé, mais le risque financier est également à son niveau maximal.

- L'anxiété C'est le signal de la deuxième phase du cycle. Le marché commence à montrer des signes de faiblesse. Il ne répond plus à vos attentes élevées, même si les perspectives à long terme restent généralement positives. À ce stade, vous vous dites que ce n'est qu'un bref détour. Vous commencez à surveiller le marché de plus près, attendant anxieusement tout signe positif de direction.

- Le déni Alors que la correction du marché se poursuit, vous commencez à douter de votre décision. Vous commencez à vous mettre sur la défensive et à nier ce qui se passe. À ce stade, de nombreux nouveaux acteurs de l'investissement pensent à se tourner vers des actions plus défensives et à se retirer des actifs plus risqués.

- La peur À ce stade, vous réfléchissez à votre décision et comparez votre perception à la réalité. Vous devenez incertain de ce que vous voulez faire. Le niveau d'incertitude et de crainte pour votre investissement est à son maximum. Votre confiance dans le marché haussier à long terme s'amenuise et vous commencez à étudier les classes d'actifs à court terme comme les obligations.

- Désespoir Vous commencez à vous inquiéter pour votre investissement et à espérer n'importe quoi qui vous ramène en territoire de gain. Tout en vous accrochant désespérément, vous essayez d'accepter que vos chances de réaliser un bénéfice ne se concrétiseront pas.

- Panique C'est la troisième phase du cycle où vous ressentez le plus d'impact émotionnel. Vous vous sentez impuissant et sans espoir lorsque les réalités du marché se font jour. Vous commencez à paniquer car vous perdez le contrôle de la situation. Ironiquement, c'est à cette période que les investisseurs ne voient pas qu'ils sont en fait à la veille d'une opportunité financière maximale.

- Capitulation Vous vous apprêtez à sortir du marché et souhaitez vendre votre position. À ce stade, vous voulez vous épargner d'atteindre le point de rupture et de subir de nouvelles pertes.

- Découragement Malgré la tournure décevante des événements sur le marché, vous choisissez de rester et de persévérer. Vous devenez découragé, vous vous demandez encore si vous devez "combattre ou fuir". C'est à ce moment-là que vous prenez conscience des risques et des bénéfices de l'investissement. Vous ressentez fortement le fait de perdre et de ne pas voir les résultats de vos attentes, mais vous gardez espoir.

- Dépression C'est le début des séquelles de ce qui s'est passé dans votre investissement. Chaque fois que vous pensez à ce qui s'est passé, vous vous reprochez d'avoir été stupide. Cependant, il est important de considérer la situation comme une leçon. Vous devez analyser ce qui a mal tourné et apprendre de vos erreurs.

- Espoir La situation générale du marché financier commence à s'améliorer. Vous réalisez qu'il y a un cycle dans l'investissement que vous devez embrasser. Et avec cette prise de conscience, vous commencez à chercher de nouvelles opportunités d'investissement.

- Soulagement Les marchés d'investissement redeviennent positifs. Vous êtes donc plus confiant dans votre capacité à investir. Grâce à vos récentes expériences, vous vous convainquez que vous êtes maintenant mieux préparé et plus sage.

Et le cycle recommence.

Que doivent savoir les débutants sur ce cycle émotionnel de l'investissement ?

Il est important de se rappeler que les émotions peuvent transformer un investisseur rationnel en un investisseur irrationnel. Quelle que soit l'ancienneté de votre investissement, vous n'êtes pas à l'abri de ses mouvements imprévisibles qui peuvent entraîner ces réactions émotionnelles en dents de scie.

La diversification de vos investissements ne garantit pas les bénéfices et ne vous protège pas contre les pertes dans les marchés en déclin. Lorsqu'une tournure extraordinaire ou inattendue des événements se produit, même les portefeuilles d'investissement à long terme les plus développés et les plus diversifiés sont mis en péril si vous laissez vos émotions prendre le dessus sur vos décisions.

Vous pouvez atténuer l'impact émotionnel en acceptant le fait que les investissements ont des hauts et des bas et que le marché est en mouvement constant. Faire appel à un conseiller financier est une excellente option si vous souhaitez devenir un investisseur plus rationnel. Les conseillers financiers peuvent vous aider à sortir de l'obscurité, à séparer vos émotions de la réalité de l'investissement et à éviter les pièges comportementaux suivants :

- L'excès de confiance Les investisseurs trop confiants ont tendance à surestimer leur capacité à choisir un gestionnaire de placements ou des actions. Ils aiment effectuer des transactions fréquentes et se fient à leur intuition ou à des informations données. Ils ne parviennent pas non plus à diversifier leur portefeuille d'investissement de manière appropriée - Timing the market Prévoir avec précision le mouvement du marché est impossible. Cependant, les règles de trading établies ne changent pas. Il est important de maîtriser ces règles et d'éviter de négocier sous le coup de l'émotion.

Tenter de chronométrer le marché tue les rendements. Il est pratiquement impossible de réussir à chronométrer le marché. Même les investisseurs les plus établis et les plus expérimentés n'y parviennent pas. Certains parlent de "chance" lorsqu'ils y parviennent, mais le plus souvent, leurs tentatives sont infructueuses. Une étude intitulée "Determinants of Portfolio Performance" par Gary P. Brinson et al et publiée dans l'édition 1986 du Financial Analyst Journal, a montré qu'environ "94% des variations de rendement dans le temps sont déterminées par la décision politique des investisseurs. Cela signifie simplement que les rendements du portefeuille s'expliquent non pas par la sélection des titres ou le timing, mais par les décisions d'allocation d'actifs prises par les investisseurs.

- Tomber amoureux de l'entreprise Il est facile d'aimer l'entreprise qui vous donne de gros rendements. Cependant, cela conduit généralement à oublier que vous avez acheté les actions avant tout pour gagner de l'argent. Vous ne faites pas partie de l'entreprise. Vous êtes simplement un investisseur qui les aide à se développer et en retour, vous recevez une part pour l'argent que vous avez investi. Il est important de toujours revoir les fondamentaux qui vous ont fait acheter les actions de la société. Si vous constatez des changements récurrents, considérez-les comme un signal d'alarme et vendez les actions.

- L'aversion aux pertes Personne n'aime perdre l'argent durement gagné. Mais dans le domaine de l'investissement, perdre fait partie du jeu. Soit vous gagnez, soit vous perdez, selon la prudence dont vous faites preuve lorsque vous investissez votre argent. Selon les économistes comportementaux, les humains sont naturellement câblés pour l'aversion aux pertes. Plusieurs études attestent de l'impression que les personnes qui perdent souffrent deux fois plus que l'ampleur de la joie lorsqu'elles gagnent. Les effets psychologiques de la perte peuvent induire un comportement irrationnel qui peut rendre les pertes plus sévères.

Les débutants ont tendance à commettre cette erreur très souvent. Ils font l'erreur de penser que l'action va rebondir malgré toutes les preuves évidentes. Cela se produit parce que la perte entraîne d'autres réponses émotionnelles extrêmes. L'aversion aux pertes est une émotion très extrême qui peut déclencher un biais de négativité, par exemple en accordant plus de poids aux mauvaises nouvelles qu'aux bonnes. Ils paniquent et ratent les marchés haussiers, craignant qu'ils ne s'inversent également dans un avenir proche.

En outre, la psychologie de la perte peut même provoquer un phénomène de volatilité asymétrique directe ou indirecte sur les marchés boursiers. Cela signifie que la volatilité des marchés boursiers est plus importante dans les marchés en baisse que dans les marchés en hausse.

- Manque de patience La plupart des investisseurs veulent s'enrichir rapidement. Qui ne le voudrait pas d'ailleurs ? Mais si vous êtes un débutant dans le monde de l'investissement et du trading, il est crucial d'apprendre les ficelles du métier et de faire preuve de beaucoup de patience. S'attendre à ce que votre portefeuille rapporte plus que ce qui est prévu est une véritable recette pour un désastre financier. Il est important de garder des attentes réalistes et de comprendre le calendrier de croissance et de rendement du portefeuille. Notez qu'une approche lente et régulière donne généralement de meilleurs résultats. Les investisseurs patients profitent des décisions irrationnelles des investisseurs impatients et impulsifs.

- Rotation excessive des investissements Une rotation trop importante ou le repositionnement de votre investissement est un autre moyen sûr de tuer vos rendements. Les coûts de transaction liés à l'entrée et à la sortie de positions et les taux d'imposition à court terme vous mangeront tout cru, sans parler de l'opportunité de réaliser des gains à long terme grâce à d'autres investissements judicieux.

- Attendre pour se venger Si vous attendez qu'un investissement perdant retrouve son prix de base initial, vous ne vous rendez pas compte que vous perdez de deux façons. Cette attitude consistant à "se venger" est connue sous le nom d'"erreur cognitive" en matière d'investissement. Vous perdez en évitant de vendre un placement perdant qui risque de continuer à baisser jusqu'à ce qu'il ne vaille plus rien. Et vous perdez le coût d'opportunité d'utiliser votre argent à meilleur escient.

- Défaut de rééquilibrage Un portefeuille d'investissement dont les caractéristiques de risque/rendement sont indépendantes des mouvements du marché est un plan idéal. Cela signifie acheter à bas prix et vendre à prix élevé. Le marché offre une grande variété d'actions parmi lesquelles choisir, mais la plupart des investisseurs sont limités par la "rationalité limitée". Selon cette théorie, les humains prennent les décisions les plus satisfaisantes sur la base de connaissances limitées, au lieu de prendre la décision la plus efficace.

Les investisseurs professionnels peuvent générer de l'alpha ou des rendements excédentaires en plaçant leur argent dans quelques positions concentrées. Mais si vous n'êtes qu'un débutant, essayer cela sera un véritable pari. Les investisseurs ordinaires devraient d'abord s'en tenir au principe de la diversification et allouer un minimum de 5 à 10 % à des portefeuilles d'actions individuelles.

- Ne pas comprendre l'investissement Les connaissances limitées sont imprudentes si vous voulez faire fructifier votre argent avec succès. Vous ne devez pas fonder vos décisions d'investissement sur les informations que vous obtenez de divers sites Web, d'amis, de la famille, des médias financiers et d'autres sources. Il est nécessaire de creuser davantage, de faire des recherches approfondies et d'évaluer les actions, en particulier celles qui vous donneront des rendements lucratifs à long terme. Si vous investissez dans des actions individuelles, assurez-vous d'étudier le profil de chaque société avant de risquer votre argent.

- La chasse aux performances antérieures Ce scénario est courant dans le monde de l'investissement. De nombreux investisseurs individuels mettent en péril leur sécurité financière future en abandonnant un portefeuille bien diversifié. Une étude de l'Université de Californie a révélé que ceux qui fondent leurs décisions de trading sur les performances passées ont la plus mauvaise note. Ce biais de négociation prévaut malgré l'avertissement figurant sur les produits financiers, qui stipule que "les performances passées ne sont pas une indication des résultats futurs."

- Se laisser guider par ses émotions On peut facilement considérer qu'il s'agit là du principal facteur de perte de rendement des investissements. La notion selon laquelle l'avidité et la peur régissent le marché des investissements est vraie. Lorsque ces deux émotions prennent le dessus, les investisseurs prennent de nombreuses décisions irrationnelles qu'ils regrettent à long terme. Laisser vos émotions gouverner votre comportement d'investissement vous mettra dans une position vulnérable et vous coûtera cher.

Pour éviter de tomber dans l'un de ces pièges causés par vos émotions, il est essentiel de développer et de s'engager dans un plan financier à long terme bien défini.

Psychologie du marché :

Peur et avidité Les sentiments des principaux acteurs du marché financier à un moment donné sont connus sous le nom de psychologie du marché. C'est le terme utilisé par les analystes et les médias pour décrire les mouvements inattendus du marché financier. Lorsque les investisseurs perdent confiance dans un secteur de l'économie et décident d'arrêter d'acheter des actions liées à ce secteur, cela peut entraîner une chute des indices qui suivent les prix globaux sur le marché. Cela affecte également les prix des actions individuelles, indépendamment de la performance des entreprises derrière ces actions.

La cupidité et la peur sont deux éléments puissants qui influencent directement les actions commerciales des acheteurs et des vendeurs. Ces émotions peuvent profondément nuire aux portefeuilles des investisseurs, au marché boursier et à l'économie dans son ensemble.

La cupidité Le rêve de tout investisseur est de réaliser des bénéfices et de s'enrichir rapidement. C'est pourquoi les marchés haussiers deviennent une arène tentante. Toutefois, cet état d'esprit rend difficile le choix de plans financiers plus disciplinés et à long terme. Les investisseurs, surtout les débutants, ont tendance à suivre le troupeau.

Par exemple, pendant le boom de l'Internet à la fin des années 1990, tout le monde voulait investir dans "dotcom". Les actions liées à Internet ont atteint leur niveau de fièvre. Les gens sont devenus avides, alimentant une plus grande demande d'actions, faisant monter les prix de façon excessive. Ainsi, lorsque la bulle des actifs s'est résorbée, les investisseurs ont souffert de la dépression des cours des actions de 2000 à 2002.

Mais pas Warren Buffett. Il a ignoré la tentante bulle Internet et a eu le dernier mot en s'en tenant à son approche éprouvée appelée "investissement dans la valeur". Ce type d'investissement consiste à acheter des entreprises que le marché considère comme sous-évaluées. Cela signifie également qu'il ne faut pas suivre la foule enthousiaste qui se rue sur les modes spéculatives.

Lorsque Jeff Bezos, PDG d'Amazon, lui a demandé pourquoi d'autres investisseurs ne copient pas sa technique d'investissement, Buffet a répondu : "parce qu'il semble que tout le monde veuille s'enrichir rapidement". Sa déclaration décrit bien la cupidité dans le comportement d'investissement.

Les marchés haussiers offrent aux investisseurs d'incroyables opportunités de réaliser des bénéfices sur une courte période. Les cours des actions sont influencés par la loi de l'offre et de la demande. Lorsque la demande est plus forte, les prix des actions continuent d'augmenter et de générer des bénéfices. Ces profits croissants deviennent très tentants et alimentent la cupidité. Plus l'argent est investi, plus les prix augmentent jusqu'à atteindre des niveaux excessifs. À ce stade, des bulles d'actifs sont créées, ce qui signifie que les prix deviennent une valeur fondamentale ou intrinsèque des actifs. Et tout comme les bulles d'actifs du passé, elles finissent par éclater et s'effondrer. Et lorsque le marché se corrige, les investisseurs qui ont payé des prix élevés pour les actions subissent des pertes énormes.

La peur La peur est une autre émotion forte qui submerge les investisseurs. Pendant une période prolongée de pertes, les investisseurs ont tendance à vendre collectivement leurs actions pour éviter de nouvelles pertes. Les économistes appellent ce mouvement collectif un "comportement de troupeau". Ils vendent rapidement leurs actions à haut risque et achètent des actifs plus sûrs tels que des fonds à capital protégé, des titres du marché monétaire et des fonds à valeur stable. Ces actifs à faible risque sont des titres à faible rendement, mais ils offrent une certaine tranquillité d'esprit aux investisseurs qui ont peur de subir davantage de pertes.

Les cours des actions peuvent chuter plus vite qu'ils n'augmentent dans les marchés haussiers. Il est courant de voir comment deux ou trois années de gains peuvent être totalement anéanties en seulement deux ou trois mois de krach boursier. Les crashs sévères du passé ont montré qu'ils étaient déclenchés par les raisons suivantes :

- La cupidité est l'émotion dominante sur le marché pendant le boom et la peur prévaut pendant la crise. Les marchés défaillants ou les marchés baissiers sont déclenchés par différents facteurs, notamment un ralentissement ou une stagnation de l'économie. Et lorsque les prix des actifs deviennent surchauffés, le marché finit par se corriger.

Psychologie du marché : Attentes et circonstances Les attentes et les circonstances sont deux autres facteurs qui contribuent à la psychologie générale du marché. Comme l'avidité et la peur, ces états d'esprit peuvent déclencher des cycles d'expansion et de ralentissement sur le marché financier. Ils peuvent prendre le pas sur les fondamentaux qui déterminent la performance des actions, poussant les prix dans des directions inattendues.

Les investisseurs investissent dans des actions dont ils s'attendent à ce que le prix augmente et à ce qu'elles soient performantes. Cette attente de prix leur sert de base pour comparer les résultats de performance. La perception des risques d'investissement par les investisseurs et les attentes en matière de rendement sont deux variables importantes qui peuvent modifier les conditions ou les circonstances du marché. Les rendements attendus et les risques perçus sont grandement influencés par l'espoir, la peur et l'avidité.

Bitcoin et psychologie du marché Dans le trading de crypto-monnaies, la psychologie du marché joue un rôle important dans son adoption par le marché général et la façon dont les gens utilisent ces actifs numériques. Il est essentiel de comprendre que le trading du bitcoin et d'autres crypto-monnaies comporte des éléments uniques qui sont différents des investissements traditionnels.

Cependant, le conseil d'investissement commun à ne pas oublier est de "ne jamais investir en fonction des émotions." La flambée du prix du bitcoin à la fin de l'année 2017 a servi de bon exemple pour montrer comment la psychologie du marché peut dicter son prix. L'incroyable hausse s'est poursuivie tout au long de l'année et a attiré des milliers de nouveaux joueurs. Beaucoup d'entre eux sont motivés par la FOMO ou peur de manquer quelque chose, la cupidité et l'optimisme, des facteurs forts qui ont poussé le prix excessivement haut jusqu'à ce qu'ils ne le fassent plus. Au début de l'année 2018, les investisseurs qui se sont joints tardivement ont subi des pertes importantes.

Le bitcoin a subi un cycle quatre fois en huit ans et a survécu. L'historique de son prix a révélé des qualités intéressantes.

- Elle montre que les tendances haussières (marchés haussiers) ont tendance à rester plus longtemps par rapport à la durée des tendances baissières (marchés baissiers).

- Elle montre la perte de valeur du bitcoin au cours de ses tendances historiques à la baisse.

- Il montre les gains exponentiels époustouflants du bitcoin à travers ses cycles de marché.

- 2011 à 2012 - 312 000 % - 2012 à 2013 - 13 000 % - 2013 - 2 200 % - 2015 à 2017 - 11 000 % L'année 2020 a été un terrain d'essai pour que le bitcoin puisse résister aux bouleversements financiers dans un climat de pandémie. De 6 950,56 dollars au début de 2020, le cours du bitcoin est tombé à 4 841,67 dollars en mars, soit une baisse d'environ 30 %. Ce "bas" a attiré la génération Z et les Millenials, établissant la réputation du bitcoin comme actif protecteur. En décembre, cette crypto-monnaie a terminé à 29 402,64 $, soit une augmentation de 323 % sur un an. Une grande partie de cette croissance est due à l'intérêt croissant des investisseurs ainsi qu'à l'achat par Tesla de 1,5 milliard de dollars de bitcoins.

Cycles de marché en bitcoin et autres crypto-monnaies De manière générale, le cycle de marché est considéré comme un avènement naturel. Il s'agit des étapes intermédiaires ou de la période entre les hauts et les bas d'un marché. Il est important de comprendre comment il fonctionnera pour vous, en particulier le marché des crypto-monnaies car il évolue très rapidement.

Le cycle implique les phases suivantes :

1. Les investisseurs accumulent des bitcoins pendant la période d'achat au plus bas (lorsque la colère et la dépression poussent les propriétaires à vendre leurs pièces).

2. La valeur du bitcoin augmente, mais il est intelligent de HODL à

travers l'espoir et l'incrédulité. HODL est l'argot qui désigne le fait de conserver la pièce au lieu de la vendre. Toute personne qui le fait est appelée un Hodler.

3. Les investisseurs s'emballent, poussant le prix à grimper rapidement. De nombreux acheteurs FOMO commencent à distribuer ou à vendre leurs bitcoins. C'est le moment de HODL ou de vendre par la croyance, le frisson et l'euphorie). La FOMO ou peur de manquer quelque chose est un phénomène courant dans le monde du trading.

4. Pendant cette phase, le bitcoin est distribué à un niveau élevé (l'action du prix atteint des sommets jusqu'à la complaisance, la vente est une excellente option). 5. Le bitcoin descend (l'anxiété et le déni prévalent pendant cette phase.) Vendez si vous ne l'avez pas encore fait ou SHORT SELLl (emprunter et vendre aux prix actuels) ou et jouez jusqu'à ce qu'il BOUNDSSE.

6. Les investisseurs sont tristes et en panique (l'anxiété et la panique conduisent à la vente à découvert). 7. Le bitcoin continue de baisser car les gens vendent sous l'effet de la panique (le jeu BOUNCES.) 8. Le bitcoin chute de manière significative dans un schéma désordonné qui broie le reste du marché. C'est la phase d'accumulation (période de commerce et d'accumulation) où la colère et la dépression sont élevées.

9. Répétition.

Comme nous l'avons montré ci-dessus, le cycle émotionnel du marché du bitcoin comporte les éléments suivants : accumulation-affection-distribution-peur-et répétition. En étudiant ce cycle et en empêchant les émotions de vous submerger, vous pouvez réussir. Vous pouvez acheter au bas de l'échelle (accumulation), suivre la vague à la hausse, vendre pendant la phase de distribution et vendre à découvert ou sortir du marché à la baisse. Qu'il s'agisse d'un cycle d'un an, de dix ans ou de cent ans, le concept reste fondamentalement le même.

Ce concept montre que la mécanique du marché et les émotions humaines peuvent créer un cycle de bulle et de contraction ou un cycle de marché. Ce schéma naturel en forme de vague se produit lorsque les investisseurs spéculent et réagissent aux schémas graphiques et aux états émotionnels associés, ce qui se traduit par un phénomène de masse.

Briser le cycle de l'investissement émotionnel En utilisant la psychologie du marché à votre avantage, vous pourrez briser le cycle de l'investissement émotionnel. Cela vous aidera à entrer et sortir efficacement du marché financier. Vous devez vous rappeler que, parfois, la meilleure opportunité se présente lorsque le marché est à son point le plus bas. De même, lorsque le sentiment du marché est positif, le risque financier le plus élevé s'installe.

Il est essentiel de se rappeler que le marché financier est en constante évolution. Les investissements gagnent et perdent en popularité. En ne laissant pas vos émotions ou les événements extraordinaires du marché obscurcir votre jugement, vous êtes sur la voie de la rupture du cycle de l'investissement émotionnel.

Conseils pratiques pour les débutants 1- Ayez un plan d'action Comme tous vos plans de vie, vous devez être proactif lorsque vous déterminez le cycle de vie de vos investissements. Vous devez avoir des objectifs clairs, des stratégies et un calendrier pour y parvenir. Un conseiller financier réputé et expérimenté peut vous aider si vous avez besoin de conseils professionnels.

Il est important de toujours se rappeler pourquoi vous voulez investir votre argent. Votre plus grand "pourquoi" vous incitera à épargner davantage et à déterminer comment répartir votre argent. Une stratégie d'investissement cohérente et à long terme est ce qui construit la vraie richesse. Cependant, il est possible de prendre des risques dans des plans d'investissement à court terme, mais soyez prêt à perdre votre argent lorsque les choses se gâtent. Dans le meilleur des cas, vous gagnerez plus que vos attentes.

2- Mettez votre plan d'investissement en automatique Suivez et examinez toujours les performances de vos investissements. Il est motivant de voir comment vos investissements et vos revenus augmentent. Cela vous aide à déterminer si vous devez en ajouter davantage ou les laisser inchangés pendant un certain temps.

3- Mettez de côté de l'argent pour des investissements amusants Cet argent amusant sert à acheter des plans d'investissement à haut risque et à haut rendement. Mais ne touchez jamais à l'argent de votre retraite. Allouez l'argent que vous pouvez vous permettre de perdre. La bonne règle est de ne pas dépasser 5 % du total de votre portefeuille d'investissement. Une fois l'argent sorti, soyez prêt à le perdre à 100 % ou à profiter d'un excellent retour sur investissement.

À retenir Les humains sont neurologiquement câblés pour penser, ressentir et créer en utilisant des émotions. Les décisions que nous prenons chaque jour, l'interprétation de nos expériences et les choix que nous faisons sont principalement influencés par les émotions. De la même manière, les investisseurs présentent certains biais comportementaux qui créent des cycles émotionnels chez les investisseurs et des cycles de marché. De nombreux témoignages montrent que les émotions humaines, en particulier la cupidité et la peur, ont conduit le marché des investissements à s'effondrer.

Les gens peuvent être irrationnels de manière prévisible. De même, les marchés seront toujours irrationnels. Ce sont des faits avérés. Les investisseurs traversent des cycles récurrents qui peuvent engendrer d'énormes profits ou de grandes pertes. En tant que débutant, le chemin vers un investissement réussi est à la fois difficile et passionnant. Apprendre les ficelles du métier est un travail en cours. Il est préférable d'élaborer un plan d'investissement systématique et d'en faire votre guide à mesure que vous construisez votre portefeuille.

5

Pour commencer : Négocier des bitcoins

Le trading de bitcoins consiste traditionnellement à acheter des bitcoins en bourse et à les revendre à un prix élevé pour réaliser des bénéfices. Il s'agit de spéculer sur les mouvements du prix de la crypto-monnaie, en espérant qu'il augmente à terme. Les traders utilisent des produits dérivés pour spéculer sur la hausse et la baisse des prix du bitcoin, en tirant le meilleur parti de sa volatilité.

Pourquoi devriez-vous négocier des bitcoins ?

Pour ceux qui négocient et investissent dans le bitcoin, comprendre sa nature et son fonctionnement est un grand avantage. En tant que moyen de négociation, le bitcoin est devenu très populaire. Les raisons en sont les suivantes :

1 - Le trading est ouvert 24 heures sur 24 et 7 jours sur 7 Contrairement aux marchés traditionnels comme les matières premières et les actions, le trading du bitcoin est ouvert 24 heures sur 24, 7 jours sur 7 et 365 jours par an. Vous pouvez acheter ou vendre quand vous le souhaitez. Toutes les bourses sont basées sur Internet, ce qui vous permet d'acheter ou de vendre un actif où que vous soyez dans le monde. Vous pouvez échanger vos bitcoins 24 heures sur 24.

2 - Forte volatilité La volatilité ou la capacité du prix du bitcoin à monter et descendre rapidement est l'une des raisons pour lesquelles les traders aiment cette crypto-monnaie. Elle peut vous permettre de réaliser

un joli bénéfice si vous savez anticiper les mouvements du marché. Le revers de la médaille peut être des pertes importantes.

3 - Le bitcoin est mondial À l'heure actuelle, le bitcoin fonctionne dans plus de 90 % des pays du monde. Cela signifie que vous pouvez investir ou négocier où que vous soyez. Il est également en train de gagner en reconnaissance dans diverses parties du globe en tant que moyen d'échange. Et comme il est désormais considéré comme une monnaie mondiale, le bitcoin n'est pas affecté par les situations financières ou la stabilité d'un pays.

4 - Un paysage non réglementé Cette absence de réglementation rend le marché du bitcoin facile à démarrer. Vous pouvez immédiatement négocier ou investir sans le long processus de vérification habituel.

Que doivent savoir les débutants sur le trading de bitcoins ?

Contrairement à l'investissement en bitcoins, où vous détenez des bitcoins à long terme, le trading de bitcoins est davantage axé sur l'action, car vous essayez de prédire les mouvements de prix à l'aide des graphiques et des produits dérivés de l'industrie dans son ensemble. Pour vous aider dans votre parcours de formation en bitcoin, voici la liste des moyens de comprendre ou de "lire" le marché et ses tendances, de créer un plan de trading, de se familiariser avec les termes de base du bitcoin et d'exécuter le plan sur les échanges.

Investisseurs vs Traders Les investisseurs sont des personnes qui investissent dans le bitcoin. Ils croient en l'idéologie, la technologie et l'équipe qui se cache derrière cette crypto-monnaie. Les investisseurs en bitcoins ont tendance à HODL ou à conserver la pièce sur le long terme, en croyant que son prix finira par augmenter.

Les traders sont des personnes qui négocient des achats et des ventes de bitcoins à court terme, chaque fois que les perspectives de réaliser des profits considérables sont viables. Contrairement aux investisseurs en bitcoins, les traders considèrent le bitcoin comme un instrument permettant de réaliser des bénéfices. Le plus souvent, ils n'essaient même pas d'étudier l'idéologie ou la technologie qui se cache derrière.

Les traders de bitcoins n'ont qu'une chose en tête : faire des profits. Cependant, la manière dont ils atteignent cet objectif commun varie d'un trader à l'autre. Voici les 3 types de marchés de crypto-monnaies :

. . .

- Les day traders. Il s'agit de personnes qui tentent de réaliser des profits en exécutant plusieurs transactions tout au long de la journée. Les day traders fixent leur écran la majeure partie de la journée, attendant de courts mouvements qui peuvent durer quelques secondes, minutes ou heures.

- Swing traders. Ce sont des traders qui essaient d'avoir une vue d'ensemble du marché. Les Swing traders conservent leurs actifs pendant des semaines ou des mois tout en surveillant de près le mouvement des prix. Dès qu'ils constatent une légère oscillation, ils négocient et restent sur place jusqu'à ce que le mouvement s'arrête, et sortent avec des bénéfices en poche.

- Les traders Scalp. Ces traders négocient tout le temps, passant leur temps à faire des dizaines, voire des centaines de mouvements chaque jour. Les traders Scalp travaillent en vendant les actifs aussi vite que possible en verrouillant les petits profits qu'ils génèrent.

Méthode d'analyse : Fondamentale vs Technique Comme dans tout type de trading, pour réussir dans le trading de bitcoins, vous devez surveiller le mouvement des prix. Bien que personne ne puisse prédire ses hauts et ses bas, vous pouvez identifier certains modèles, règles et méthodes qui peuvent vous aider à réaliser des profits à long terme.

N'oubliez pas qu'il n'existe aucun moyen de prédire le prix du marché de cet actif. Cependant, vous pouvez développer votre propre ensemble de formules, de prédictions et de règles pour réaliser des transactions rentables. Ainsi, vous n'aurez pas peur de négocier, même dans les conditions les plus volatiles. La chose la plus importante à retenir est de négocier de manière à ce que tous vos soldes de clôture restent positifs.

Il existe deux méthodologies principales pour analyser le bitcoin : 1. Analyse fondamentale L'analyse fondamentale examine la valeur du bitcoin en tant que technologie et les forces extérieures pertinentes qui déterminent le prix. Cette méthodologie vise à prédire les prix en examinant la situation dans son ensemble. Elle implique d'évaluer l'industrie du bitcoin, les développements techniques du bitcoin, l'actualité de la monnaie, les réglementations à travers le monde et d'autres questions qui peuvent affecter le succès commercial de cette crypto-monnaie. Il s'agit également de surveiller le volume des transactions et les tendances des mouvements de prix et d'établir un modèle commun dans tous les scénarios possibles.

1. Analyse technique L'analyse technique tente de prédire le prix en identifiant les modèles et les tendances ainsi que les statistiques du marché (y compris les volumes d'échange et les mouvements de prix précédents). Chaque mouvement peut vous raconter une histoire qui peut vous aider à faire votre propre prédiction. Ainsi, indépendamment de ce qui se passe dans le monde, cette approche qui utilise des données vérifiables vous aidera à prédire le prix de l'actif.

Alors, laquelle est la meilleure ? La réponse dépend de la façon dont le résultat de votre analyse vous fait gagner des bénéfices. Toutefois, la vérité demeure qu'il n'existe pas de garantie certaine en matière de trading. Peut-être qu'un mélange sain d'utilisation des deux méthodologies peut donner les résultats que vous souhaitez.

Comment lire les graphiques de prix ?

Chandeliers japonais Le chandelier japonais est un type de graphique de prix utilisé dans le trading du riz au cours des années 1600. Il est basé sur l'ancienne méthode d'analyse technique et utilise des bougies vertes et rouges. Chaque bougie représente les prix d'ouverture, de fermeture, les plus bas et les plus hauts de la crypto-monnaie à une période donnée. En raison de ces éléments, les chandeliers japonais sont également appelés graphiques OHLC (Open, High, Low, Close). Lorsque la bougie est ROUGE, cela signifie que le prix d'ouverture est supérieur au prix de clôture, ce qui fait baisser le prix. Et lorsque la bougie est VERTE, elle indique que le prix d'ouverture est inférieur au prix de clôture. Cela signifie que le prix du bitcoin augmente au cours de l'intervalle de temps.

Il est également important de se rappeler que dans un marché baissier, la plupart des chandeliers du graphique seront ROUGES. Pendant le marché haussier, la plupart des chandeliers seront VERTS.

Marchés haussiers et baissiers Ces termes de marché sont utilisés pour décrire le mouvement ascendant ou descendant du graphique. Les noms des animaux servent de métaphores pour expliquer le mouvement du marché boursier. Lorsque la tendance est à la hausse et que l'économie est en progression, il s'agit d'un marché haussier. Lorsque la tendance est à la baisse et que la valeur des actions diminue en raison d'une économie morose, il s'agit d'un marché baissier.

Niveau de résistance et de soutien Le niveau de résistance fait référence au "plafond virtuel" ou au pic du prix du bitcoin. Par exemple, il atteint un sommet historique de 20 000 dollars et reste à ce prix pendant un certain temps sans le dépasser. C'est le point de résistance ou le niveau de prix élevé que le bitcoin lui-même essaie de battre. Le niveau de résistance est le résultat de nombreux ordres de vente qui sont exécutés au niveau du prix. Les activités optimistes protègent le prix de la rupture et soutiennent son élan.

Le niveau de soutien est l'image miroir du niveau de résistance. C'est le "plancher" qui maintient le prix du bitcoin, l'empêchant de descendre plus bas lorsque le prix chute soudainement. Le niveau de soutien est généralement accompagné de nombreux ordres d'achat au prix du niveau. Cette forte demande au niveau de soutien amortit le prix du bitcoin pendant la tendance à la baisse.

Essentiellement, plus le prix est souvent incapable de dépasser le niveau de résistance ou de soutien, plus ces niveaux deviennent forts. Il est intéressant de noter que la psychologie influence les niveaux de support et de résistance. Jusqu'en 2017, les traders et les investisseurs hésitent à payer 1 000 dollars par bitcoin. Cela a amené le fort niveau de résistance à 1 000 $. Mais au fur et à mesure que le temps passe et que les joueurs deviennent plus audacieux, le niveau a été franchi et a créé un nouveau niveau de résistance psychologique qui est de 10 000 $.

Et si vous vous demandez pourquoi les niveaux de résistance et de soutien sont fixés autour de chiffres ronds (1 000 $, 10 000 $, 15 000 $, 20 000 $, etc.), la raison en est que beaucoup de débutants et de traders inexpérimentés achètent ou vendent des ordres de bitcoin à des points de prix ronds. Techniquement, cette exécution en fait de solides barrières de prix.

Apprendre les termes du trading de bitcoins Pour vous aider à mieux naviguer dans le trading de bitcoins, voici une liste de termes et de statistiques que vous devez comprendre.

- Place de marché C'est là que les acheteurs et les vendeurs communiquent entre eux pour réaliser une transaction.

. . .

- Plateformes d'échange Ce sont des sites en ligne qui mettent automatiquement en relation les vendeurs et les acheteurs.

- Courtiers Ils vendent directement des bitcoins à un prix plus élevé.

- Marché ou marché instantané C'est un type d'ordre qui peut être défini sur la plateforme de négociation. Vous devez définir la quantité de bitcoins que vous souhaitez acheter ou vendre, puis commander l'échange pour une exécution instantanée. Une fois que c'est fait, la plateforme de négociation mettra en relation les acheteurs et les vendeurs pour répondre à l'ordre que vous avez créé. Il est très probable que votre ordre sera apparié par plusieurs traders qui vendent ou achètent des bitcoins à des prix différents.

- Volume Le volume fait référence au nombre de bitcoins échangés dans un laps de temps donné. Ce terme est utilisé par les traders pour identifier les tendances significatives. Ces tendances sont généralement accompagnées d'énormes volumes d'échanges. A l'inverse, les tendances faibles sont accompagnées de faibles volumes d'échange.

- Carnet d'ordres C'est une liste d'ordres d'achat et de vente. Vous pouvez consulter le carnet d'ordres sur les plateformes de négociation. L'ordre d'achat est appelé une offre. Les gens enchérissent sur les prix pour acquérir des bitcoins. L'ordre de vente s'appelle une demande. Il indique le prix demandé par les vendeurs.

- Ordre limite Il permet aux acheteurs et aux vendeurs de négocier des bitcoins à des prix spécifiques. Cela signifie que votre ordre peut ne pas être entièrement satisfait s'il n'y a pas assez de vendeurs ou d'acheteurs pour répondre aux exigences que vous avez fixées.

- Ordre Stop-Loss Il permet de fixer un prix spécifique si vous souhaitez vendre votre bitcoin à l'avenir ou si vous observez que le prix en vigueur chute de façon spectaculaire. Ce type d'ordre vous aide à minimiser vos pertes. Techniquement, un ordre stop-loss agit comme un ordre de marché qui permet au marché de la négociation de commencer à vendre votre bitcoin une fois que le prix stop est atteint.

- Frais de fabrication et de réception Dans les places de marché ou les plateformes de négociation, des échanges ont lieu. Si vous créez un nouvel ordre qui n'est pas égalé par les vendeurs ou les acheteurs existants, vous devenez un teneur de marché et avez des frais moins élevés.

Vous devenez un preneur de marché lorsque vos ordres sont instantanément satisfaits. Les preneurs retirent une affaire du carnet d'ordres de la bourse et ont généralement des frais plus élevés par rapport aux faiseurs.

Facteurs qui font bouger le prix du bitcoin Tout en vous préparant à votre éventuel voyage dans le trading du bitcoin, il est utile de vous familiariser avec les facteurs clés qui ont un impact sur le mouvement du prix.

- L'offre. L'offre maximale de bitcoins est de 21 millions et devrait être atteinte en 2140. Cette offre limitée de bitcoins signifie que si la demande augmente dans les années à venir, le prix de cette crypto-monnaie augmentera considérablement.

- Intégration. Le profil public du bitcoin dépend de son intégration dans les cadres bancaires et les nouveaux systèmes de paiement. Une fois que tout sera mené à bien, les effets positifs augmenteront la demande de bitcoin.

- Événements clés. Il s'agit notamment des annonces macroéconomiques sur le bitcoin, des changements de réglementation, des failles de sécurité et des accords visant à accélérer le réseau. Chacune de ces activités cruciales peut faire grimper le prix.

- Mauvaise presse. Les nouvelles de dernière minute dans le grand public et les plateformes de médias sociaux concernant la valeur, la sécurité et la longévité du bitcoin peuvent créer des effets négatifs sur le prix global du marché de la pièce.

Se lancer dans le trading de bitcoins Maintenant que vous avez plus de connaissances sur le trading de bitcoins et ses principes de base, êtes-vous prêt à faire le grand saut ?

Tout d'abord, assurez-vous que vous disposez d'une connexion Internet sécurisée et rapide pour garantir un trading sans problème. Maintenant, passons aux prochaines étapes essentielles :

Étape 1 : Identifiez la bourse d'échange de bitcoins qui vous offrira la meilleure expérience d'achat ou de vente.

L'achat de bitcoins par le biais de la bourse est destiné aux traders qui pratiquent une stratégie d'achat et de conservation. Il vous donne la propriété directe du bitcoin. La commodité du retrait et du stockage rend les échanges populaires parmi les débutants et les investisseurs ou traders professionnels de bitcoins.

Cependant, toutes les bourses ne sont pas égales et vous pouvez rencontrer l'un des problèmes suivants.

- Absence d'infrastructure et de réglementation appropriées pour répondre rapidement aux demandes d'assistance des utilisateurs - Manque de fiabilité des moteurs et des serveurs d'appariement, entraînant une réduction de la précision d'exécution ou une suspension du marché - Imposition de frais élevés - Restrictions sur le financement et le retrait À l'heure actuelle, il n'existe pas de plateforme officielle de négociation de bitcoins. Vous devez trouver le marché qui peut offrir le plus de paires de transactions, d'ordres divers et d'effets de levier. Il est important de vérifier la réputation de l'entreprise ou si elle fournit des services dans votre pays.

- Utilisez CoinGecko ou CoinMarketCap pour examiner les volumes d'échange des plateformes.
- Lisez les nouvelles, les mises à jour et les avis des traders sur l'entreprise.
- Parcourez Quora, BitcoinTalk, Reddit et d'autres forums pour en savoir plus sur votre bourse préférée.
- Vérifiez les normes et protocoles de sécurité, les méthodes de dépôt et les frais de transaction.

Voici d'autres éléments cruciaux à rechercher :

Les normes et protocoles de sécurité. Certains échanges de bitcoins ont connu des failles de sécurité. Si votre bourse préférée en fait partie, vérifiez les mesures qu'elle a prises pour assurer une meilleure sécurité et une meilleure protection. Parmi les éléments que vous devez examiner figurent le cryptage des données des utilisateurs, les politiques de confidentialité, le certificat SSL et l'authentification à deux facteurs.

Méthodes de paiement. Vérifiez si la bourse propose des méthodes de paiement prises en charge dans votre pays. Vous ne voulez pas avoir à parcourir des kilomètres juste pour accéder à un concessionnaire ou à un agent pour accéder aux services de paiement. Cela peut finir par grignoter vos marges bénéficiaires potentielles ainsi que votre temps et vos ressources.

Frais de transaction. Certaines bourses offrent des transactions de dépôt et de retrait gratuites. D'autres facturent ces transactions et proposent des échanges gratuits. Choisissez la bourse qui vous offrira les meilleurs avantages.

Interface utilisateur. La plateforme doit être conviviale et facile à naviguer. Évitez les plateformes qui vous poseront de nombreux problèmes d'interface et affecteront vos transactions.

Il existe 2 types d'échange :

1\. Fiat to crypto - Cette place de marché numérique permet d'acheter ou de vendre des bitcoins et d'autres types de crypto-monnaies en échange de monnaie fiduciaire. C'est l'échange idéal pour les débutants.

1\. Crypto to crypto - Les transactions nécessitent l'échange d'une monnaie contre une autre. Il est préférable pour les traders de bitcoins plus expérimentés.

Voici les meilleurs échanges que vous pouvez consulter :

Coinbase C'est l'un des échanges de crypto les mieux notés au monde. Leurs marchés présentent d'excellentes mesures de sécurité. Ils ne négocient que des pièces sélectionnées, y compris le bitcoin et le bitcoin cash, pour garantir des normes de qualité. À l'heure actuelle, Coinbase compte plus de 43 millions d'utilisateurs vérifiés, 115 000 partenaires de l'écosystème dans plus de 100 pays, 7 000 institutions, et a échangé plus de 455 milliards de dollars de pièces. Elle détient le record d'être la toute première bourse réglementée à se lancer dans le commerce du bitcoin, qui est la crypto-monnaie qui constitue la plus grande partie de ses échanges quotidiens.

Cex.io L'une des plateformes de négociation les plus anciennes et les plus novatrices, Cex.io a été créée en 2013. Elle opère dans 99 % des pays du monde, dont 44 États des États-Unis. Cex.io est dûment enregistrée auprès du FINCEN (Financial Crimes Enforcement Network), un bureau dépendant du département du Trésor des États-Unis. Il fonctionne également selon les politiques de lutte contre le blanchiment d'argent (AML) et les normes de connaissance des clients (KYC), ce qui fait de Cex.io l'un des espaces de négociation de crypto-monnaies les plus fiables et les plus sûrs.

Binance Binance est une autre plateforme populaire de négociation de crypto-monnaies. Originaire de Chine, elle a finalement transféré son siège social à Malte, connue pour être l'un des pays les plus favorables aux crypto-monnaies. Bien qu'elles soient nouvelles dans le secteur puisqu'elles ne commencent à fonctionner qu'en 2017, les plateformes Binance sont en mesure de fournir un excellent support client, une sécurité et des normes de trading. Dans le contexte du trading, cette plateforme est cohérente dans ses performances en tant que l'une des 5 bourses de trading les plus élevées au monde.

Kriptomat Kriptomat est créé par des experts slovènes en crypto-monnaie en Estonie, l'un des régulateurs technologiques progressistes renommés dans le monde. Cette plateforme extrêmement conviviale fonctionne sous les licences délivrées par la Financial Intelligence Unit, permettant l'échange de monnaie virtuelle contre une monnaie fiduciaire et un service de portefeuille de monnaie virtuelle. Cette conformité réglementaire et la mise en œuvre stricte des procédures AML et KYC font de Kriptomat une plateforme de grande confiance sur les marchés cryptographiques. Leur service est disponible en 20 langues et vous permet d'échanger des Eupos contre 17 cryptocurrences et tokens.

Kraken Cette bourse basée en Europe opère à l'échelle mondiale depuis cinq ans. Kraken offre une large gamme de paires d'échange de devises fiat vers bitcoin ainsi que des paires d'échange de crypto vers crypto. En termes de normes de sécurité, il se targue d'utiliser les contrôles de sécurité les plus sophistiqués comme le cryptage PGP/GPG et l'authentification à deux facteurs.

Étape 2 : Inscrivez-vous et enregistrez votre compte de trading auprès d'une bourse de bitcoins.

Fournissez vos informations personnelles, telles que votre date de naissance, un justificatif de domicile et un numéro de contact, pour le processus de vérification requis. La création d'un compte sur la plupart des bourses est gratuite. Cependant, le processus de vérification peut varier en fonction des exigences de la bourse de crypto-monnaies. Coinbase et BitMEX, par exemple, exigent des vérifications de type "Know Your Customer" pour des opérations de crypto-monnaies spécifiques. Pour cette exigence, vous devez préparer votre passeport ou d'autres cartes d'identité officielles prêtes.

Une fois la vérification effectuée, assurez-vous d'utiliser un mot de passe fort et d'activer l'authentification à deux facteurs (2FA) pour réduire le risque de piratage ou de violation de la sécurité Étape 3 : Déposez des fonds de négociation et envisagez votre option de paiement préférée.

Votre bourse peut vous demander de convertir votre monnaie fiduciaire en crypto-monnaie si elle ne négocie que des actifs numériques. D'autres bourses de crypto-monnaies permettent aux traders d'utiliser un compte bancaire et une carte de débit ou de crédit pour acheter des bitcoins. Il existe également des échanges mondiaux qui permettent des transactions directes par le biais de services peer-to-peer ou via des solutions de paiement tierces.

Si le bitcoin est désormais reconnu par de nombreuses institutions financières comme un moyen de paiement valable pour les transactions, certaines banques peuvent remettre en question ou arrêter les dépôts sur les crypto-échanges. Il est préférable de vérifier si vos banques autorisent cette option.

Étape 4 : Configurez votre porte-monnaie électronique.

Avant d'acheter votre premier bitcoin, vous avez besoin d'un échange (l'endroit où acheter des bitcoins) et d'un portefeuille numérique (l'endroit où stocker des bitcoins.) Votre portefeuille de bitcoins possède une adresse publique, où les pièces seront envoyées, et une clé d'utilisateur que vous utilisez exclusivement pour débloquer vos fonds et transférer des bitcoins à d'autres personnes. Il s'agit d'un élément indispensable à l'investissement et au commerce des bitcoins, qui vous permet de conserver vos actifs à l'abri d'un échange.

Étape 5 : Passez votre commande et achetez votre bitcoin.

Lorsqu'il s'agit de passer des ordres, certains échanges de crypto-monnaies proposent différents types d'ordres comme les ordres stop-limite, take-profit limit ou stop-loss. Il existe également des échanges qui vous permettent de définir des achats récurrents pour un mois, une semaine ou un jour.

Décidez du montant que vous souhaitez investir. N'oubliez pas que le trading de crypto est très risqué et que vous ne voudriez pas perdre une grande partie de votre actif monétaire. Il est préférable de commencer lentement et d'apprendre comment le marché du trading évolue. Bien qu'il soit presque impossible de faire des calculs précis, vous pouvez augmenter votre volonté de prendre des risques et devenir plus confiant au fur et à mesure que vous avancez dans le trading.

Vous pouvez acheter 10 bitcoins, 1 bitcoin, ou une fraction de bitcoin. L'achat de petites fractions du tout est possible car le bitcoin est divisible jusqu'à huit décimales. Ainsi, par exemple, si le prix du bitcoin est de 19 000 dollars et que vous souhaitez en acheter pour 100 dollars, vous obtiendrez environ 0,0053 bitcoin.

Étape 6 : Commencez à négocier.

Une fois que vous avez des fonds sur votre compte de trading, vous pouvez commencer à trader. Vous devez identifier les paires de trading comme BTC/USD ou BTC/ETH et vous êtes prêt.

Associez des bitcoins pour commencer à acheter ou à vendre.

Cliquez sur l'icône "TRADE" pour voir le mouvement de la paire sélectionnée sur la fenêtre.

Pour acheter, cliquez sur l'onglet de droite.

Pour vendre, cliquez sur l'onglet de gauche.

Comment trouver un bon courtier ?

Une autre option pour s'engager dans le trading de bitcoins est d'utiliser un courtier. Un courtier est une entreprise ou un individu qui agit comme un intermédiaire financier et conclut un contrat avec les personnes qui veulent spéculer sur les prix des crypto-monnaies.

Les courtiers proposent des produits dérivés comme :

- Les Crypto CFDs ou Contrats pour la différence. Ces produits dérivés permettent aux traders de bitcoins de spéculer sur l'évolution du prix de l'actif. Vous pouvez clôturer le contrat quand vous le souhaitez, mais sous réserve de l'exigence de marge de votre courtier qui détermine la fourchette des transactions.

- Contrats à terme sur crypto-monnaies. Dans cette option, vous concluez un accord avec un courtier choisi pour acheter ou vendre des actifs crypto à un prix spécifié à l'expiration du contrat à une date ultérieure.

- Options cryptographiques. Il est presque similaire aux crypto futures, mais plutôt que d'avoir l'obligation d'acheter ou de vendre le contrat, ce produit dérivé vous permet de vous retirer du contrat. Toutefois, le retrait entraînera la perte de la prime d'option ou du dépôt qui est versé à dessein pour cette option.

Voici quelques avantages du recours à un courtier :

- Les utilisateurs peuvent acheter ou vendre des bitcoins aux prix fixés par le courtier.

- Les utilisateurs peuvent échanger directement leur monnaie fiduciaire contre du bitcoin, du Litecoin, de l'Ethereum et d'autres crypto-monnaies.

- Les utilisateurs peuvent facilement acheter une petite quantité de crypto-monnaies auprès des courtiers.

- Les courtiers offrent une vaste gamme de services, dont la détention de crypto-monnaies pour les utilisateurs.

Facteurs à prendre en compte lors du choix d'un courtier Choisir le bon courtier peut être difficile et prendre du temps. Pour vous guider dans ce processus et accélérer la sélection, voici une liste de facteurs essentiels à prendre en compte avant de prendre une décision.

Références Tous les courtiers ne sont pas égaux en matière d'expérience, de fiabilité et de crédibilité. Les courtiers expérimentés et professionnels ont une connaissance approfondie du trading des crypto-monnaies. Ils possèdent les bonnes références, comme des licences délivrées par les organismes de réglementation du secteur. Pour éviter les escrocs, vérifiez toujours si votre choix est un courtier en bitcoins réglementé. Vous pouvez facilement vérifier le statut du courtier en consultant son nom légal et son pays sur les sites Web des organismes de réglementation.

Localisation Il est important de savoir si le courtier de votre choix opère dans votre région. Même s'il s'agit du meilleur du secteur, mais que les législations de votre région ou de votre pays restreignent le commerce des crypto-monnaies, cela posera un problème.

Un bon courtier est doté d'un solide soutien financier ou d'un énorme capital de base qui garantit que votre investissement est à l'abri d'une faillite soudaine. Vous ne voulez pas vous retrouver sans rien lorsque la crise frappe et que votre courtier n'a aucun moyen de vous rendre votre argent.

Plateforme de trading conviviale Le trading de crypto-monnaies nécessite une plateforme réactive et facile à naviguer. Elle doit être dotée de fonctionnalités avancées permettant aux traders de gérer et de surveiller leurs comptes, d'effectuer des analyses techniques ou d'accéder aux mises à jour des marchés cryptographiques.

Les courtiers doivent fournir une plateforme en ligne bien conçue qui offre différentes options aux traders, notamment aux débutants. Il devrait avoir toutes les caractéristiques essentielles que leurs clients et clients potentiels de la récente arrivée et le départ de crypto trading.

Processus d'inscription Savez-vous que vous pouvez savoir si un courtier particulier est bon ou non en regardant simplement le processus d'inscription ?

Selon des auteurs chevronnés, cette caractéristique en dit long sur le courtier. Le signe révélateur d'une escroquerie est que le courtier exige des traders qu'ils déposent une énorme somme d'argent lors de l'inscription. Si vous rencontrez ce type de courtier, il est préférable de fuir. Un courtier professionnel et réputé n'acceptera que peu ou pas de dépôt ou de frais de la part de ses clients potentiels.

En outre, il est nécessaire de vérifier si le processus d'inscription est sécurisé. Pour le vérifier, regardez dans la partie supérieure gauche de la barre de recherche et voyez s'il existe un certificat SSL qui garantit la sécurité. Le certificat garantit que vos informations sont protégées contre les pirates informatiques.

Frais et commissions Étant donné que les frais constituent la principale dépense pendant le trading, il est nécessaire d'examiner les frais et commissions spécifiques qui seront facturés par votre courtier. Si vous avez des questions, n'hésitez pas à demander au courtier le type de frais que vous devrez payer pour chaque transaction. Vérifiez si les frais de négociation sont alignés sur les frais moyens du secteur.

Service clientèle Il est important d'avoir quelqu'un pour répondre à vos questions ou résoudre vos problèmes à tout moment du jour ou de la nuit. Trouvez un courtier disposant d'une équipe d'assistance et d'un service clientèle fiables, capables de répondre à vos préoccupations immédiates, quel que soit votre fuseau horaire.

Assistance technique L'assistance technique est un autre aspect important que vous devez prendre en considération lorsque vous choisissez votre courtier. Il doit disposer d'une équipe technique compétente qui vous aidera à résoudre les problèmes qui nécessitent une intervention ou une solution professionnelle. L'équipe de support technique est composée de personnes ayant des connaissances et une expérience approfondies dans le secteur des crypto-monnaies. Ils savent comment les choses fonctionnent, tous les tenants et aboutissants, et les solutions immédiates pour tout type de problèmes techniques.

Trading de démonstration Le trading de crypto-monnaies est techniquement complexe pour les débutants, d'où l'importance du trading de démonstration. Ce matériel aidera à comprendre les scénarios courants du trading de bitcoins. Si le courtier dispose de cette fonctionnalité dans sa plateforme en ligne, utilisez-la pour apprendre beaucoup de choses et savoir ce qu'est le vrai trading de crypto.

Système de sécurité de pointe Cela plafonne tout car cela signifie la sécurité et la protection de vos actifs virtuels. Il est important que votre courtier opère en conformité avec les mesures réglementaires en vigueur pour les prestataires de services financiers.

Commodité Le courtier doit offrir des fonctionnalités et des services qui rendent votre expérience de trading pratique. Dans le contexte de la commodité, cela signifie ce qui suit :

- Un accès facile. La plateforme de négociation vous permet de négocier tout en étant en déplacement ou de vérifier les mises à jour récentes de vos actifs numériques. Assurez-vous que vous pouvez y accéder 24h/24 et 7j/7 à l'aide de votre application mobile ou de votre ordinateur de bureau.
- Compatibilité des appareils. La plateforme doit être compatible avec votre téléphone portable et d'autres appareils, ce qui vous permet d'examiner les activités où que vous soyez.

- Langage facile à comprendre. Le courtier doit utiliser des termes faciles à comprendre ou donner un sens au jargon du trading de crypto.

Longévité Si le courtier opère depuis longtemps déjà, c'est une indication qu'il fait bien les choses et que les traders lui font confiance. Toutefois, cela ne signifie pas que les courtiers en crypto-monnaies qui viennent de se lancer ne sont pas fiables. Mais être dans l'industrie pendant de longues années est un excellent signe.

Comment repérer les mauvais courtiers ?

Alors que le bitcoin devient de plus en plus populaire et courant, les escrocs s'amusent également sur Internet. D'où l'importance d'être intelligent avant de choisir un courtier qui peut vous aider à réaliser des profits. Choisissez le mauvais et vous perdrez votre argent.

Les arnaques aux crypto-monnaies ont généralement des traits et des modèles similaires, il est donc facile de les déchiffrer. Avec le savoir-faire approprié, vous pouvez repérer les mauvais courtiers.

1 - Investir dans de lourdes campagnes de marketing et des offres promotionnelles Bien que les courtiers en crypto-monnaies professionnels et légitimes utilisent des publicités, ils croient en une croissance naturelle. Les mauvais courtiers ont tendance à investir de l'argent dans des campagnes de marketing et de promotion de leurs services pour attirer les gens. Ils ont d'énormes bannières sur les sites Web, paient pour des annonces pleine page dans les journaux, ou paient un énorme groupe de blogueurs pour promouvoir leur entreprise. Tous ces moyens sont conçus pour atteindre les investisseurs ou les traders dans les plus brefs délais et lever des fonds.

2 - Promesses de retour sur investissement garanti ou très élevé Les mauvais courtiers tentent les traders d'investir en leur offrant de fausses promesses de retour sur investissement et des formules d'investissement inhabituelles. Par exemple, faire des bénéfices de 1 000 % en 18 mois ou moins. Bien que cela soit étonnant, demandez-vous si c'est réaliste. Bien que la volatilité du bitcoin rende la chose possible, il existe des facteurs qui peuvent affecter le mouvement du marché. S'ils ne peuvent pas offrir une stratégie solide et des informations à l'appui sur la façon dont cette ICO ou offre initiale de pièces de monnaie augmentera rapidement, éloignez-vous d'eux.

3 -Des membres de l'équipe vagues ou non nommés Leurs sites Web ne présentent pas les profils des propriétaires ou des développeurs de l'entreprise. Ou peut-être, certains des noms énumérés sont inexistants lorsque vous faites des recherches sur leurs comptes de médias sociaux ou que vous effectuez une vérification des antécédents. Les courtiers légitimes seraient fiers de montrer l'équipe derrière le succès de leur entreprise de trading de crypto.

4 -Des plateformes et des sites web de trading de crypto frauduleux Les plateformes de trading rendent les transactions d'achat et de vente faciles et rapides. Cependant, si vous observez que le site web et la plateforme de trading des courtiers proposent des offres de lancement exagérées, des offres uniques, d'excellentes affaires comme le fait de battre les fluctuations du taux de change, ou de disposer de technologies automatisées pour vous aider à réaliser des profits lucratifs, méfiez-vous. Ces tactiques sont généralement employées par des courtiers dont le but est d'attirer les débutants qui veulent une approche rapide et riche du trading de bitcoins.

De plus, vous remarquerez également qu'ils ont des frais de retrait ou des commissions élevés lorsque vous négociez avec des devises fiduciaires comme les euros, les dollars ou les livres. D'autres imposent des frais de traitement supplémentaires pour les retraits ou le trading.

5 - Absence de livre blanc sur les crypto-monnaies et de code publié Le livre blanc est une partie essentielle de l'offre initiale de pièces de monnaie (ICO). Il montre la conception du projet de crypto-monnaie, comment l'offre fonctionne, comment elle va se développer et comment elle va gagner de l'argent. S'il n'y a pas de livre blanc transparent ou si le livre blanc n'a pas de sens du tout, c'est un grand NON.

Les crypto-commerçants légitimes publieraient leurs codes "open source" pour montrer leur légitimité. Bien que tout le monde ne puisse pas lire le code, un code publié en open-source montre leur volonté que tout le monde le lise, le vérifie ou même le modifie. Certaines équipes de crypto-monnaies ne publient pas leur code en open-source, ce qui est légal et acceptable. Cependant, lorsqu'il n'y a pas de code ou qu'il est gardé caché, les courtiers peuvent être des fraudeurs et des escrocs.

Escroqueries sur les bitcoins et comment les éviter Escroquerie 1 : Sites Web imposteurs Les escrocs créent des sites Web ressemblant à s'y méprendre à ceux d'entreprises originales et légales de trading de bitcoins pour attirer les utilisateurs peu méfiants. Si vous visitez accidentellement un faux site Wéb et que vous êtes redirigé vers une autre plateforme pour effectuer un paiement, vous êtes sur un site Web imposteur.

Vérifiez toujours la petite icône de verrouillage près de la barre d'adresse URL pour vous assurer que vous êtes sur un site Web sécurisé. S'il n'y a pas de "https" dans l'adresse, il est préférable d'éviter de cliquer dessus. Pour vous assurer que vous serez dirigé vers le bon site web légitime, tapez dans votre navigateur l'URL exacte et vérifiez-la deux fois avant de cliquer.

Escroquerie 2 : courriels frauduleux Les escrocs envoient généralement de faux courriels pour annoncer leurs fausses offres initiales de pièces de monnaie. Ils copient le logo et l'image de marque des courtiers légitimes pour voler votre argent. Pour vous protéger contre les personnes sans scrupules, vérifiez toujours l'adresse électronique si elle est valide ou légitimement liée à la société de négociation. Si vous avez des doutes, contactez le personnel d'assistance et demandez-lui de vous renseigner. Et surtout, ne cliquez pas sur le lien contenu dans le message électronique.

Escroquerie 3 : fausses applications mobiles Les escrocs utilisent également de fausses applications pour attirer les traders et les investisseurs en bitcoins. Ils utilisent de fausses applications téléchargeables sur l'App Store d'Apple et Google Play. Il est rapporté que des milliers de personnes ont téléchargé une variété de fausses applications cryptographiques. Bien qu'il soit facile de supprimer les fausses applications, leur suppression ne garantit pas qu'elles n'utiliseront pas les informations qu'elles ont déjà recueillies. Pour éviter cela, vérifiez toujours les fautes d'orthographe dans le nom des applications, les logos incorrects et l'aspect inauthentique de la marque.

Escroquerie 4 : mauvais tweets et mises à jour sur les médias sociaux Les comptes d'escrocs utilisent des robots malveillants qui se font passer pour des robots et publient des mises à jour montrant des résultats incroyables ou impossibles. Méfiez-vous des plateformes qui demandent une petite quantité de bitcoins en échange d'une expérience de trading.

Escroquerie 5 : fausses crypto-monnaies Une autre escroquerie courante dont il faut se méfier est celle qui consiste à recevoir un message indiquant que vous devez utiliser une autre crypto-monnaie au lieu du bitcoin. Cette arnaque vous inciterait à investir dans l'une des nouvelles monnaies, car il est trop tard pour encaisser le bitcoin. Dans un cas controversé, les escrocs à l'origine de My Big Coin ont réussi à voler 6 millions de dollars à des utilisateurs qui avaient investi dans de fausses cryptos.

Escroquerie 6 : Initial Coin OfferingS (ICOs) frauduleux Les ICOs désignent les mécanismes de collecte de fonds pour les crypto-monnaies récemment lancées. Chaque mois, une série d'ICOs accompagne la sortie de nouvelles crypto-monnaies et de tokens. Les négociants en ICO obtiennent des jetons dans la nouvelle entreprise. Bien que les ICO soient légitimes, de nombreux nouveaux acteurs lancent leurs entreprises sans véritable plan d'affaires, sans livre blanc, sans expérience et sans technologie derrière eux. Pour éviter de tomber dans le piège des escrocs de la crypto-monnaie, assurez-vous de faire une recherche approfondie sur les membres de l'équipe de la startup.

- Un livre blanc copié-collé Le livre blanc de l'ICO est le document de base de l'activité cryptographique. Les fraudeurs copient généralement l'intégralité du livre blanc d'une entreprise légitime et le font passer pour le leur. Assurez-vous de procéder à une double vérification, notamment lorsque vous avez vu un document similaire ailleurs.

- Pages incomplètes Leurs sites Web ont des pages incomplètes et semblent avoir été créés dans l'urgence pour commencer leurs activités d'escroquerie. Parmi les autres éléments à vérifier, citons des coordonnées étranges, des descriptions incomplètes, l'absence de photos d'archives et d'autres incohérences.

- Pas de membres de l'équipe Les sites Web des entreprises accréditées et légitimes comportent généralement une section médias où l'on trouve des informations sur les membres de l'équipe.

- Incohérences textuelles La page de destination, les articles de blog ou les lettres d'information contiennent des fautes d'orthographe et de grammaire ainsi que d'autres incohérences textuelles. Comme leur seul objectif est d'inciter les clients à investir, les personnes à l'origine des comptes frauduleux ne se soucient pas de l'édition ou de la correction de leur contenu.

- Le personnel est réticent à donner des réponses aux questions difficiles et techniques.

Si vous appelez pour clarifier quelque chose et que l'employé ne peut pas répondre aux questions techniques ou donne des réponses vagues, méfiez-vous.

Escroquerie 7 :

Les systèmes de Ponzi Le système de Ponzi est une escroquerie à l'investissement qui vise à recruter le plus grand nombre possible de clients pour effectuer un investissement. Dans ce schéma, les fraudeurs créent un plan d'affaires qui génère des revenus pour survivre. Ils utilisent les fonds des nouveaux investisseurs pour payer les anciens investisseurs. Le coup ultime des magouilleurs se produit lorsqu'ils convainquent les investisseurs d'encaisser.

La croissance exponentielle des crypto-monnaies, en particulier du bitcoin, a incité les fraudeurs à cibler ce secteur d'investissement. La volatilité, la décentralisation et les caractéristiques uniques du bitcoin en font un actif parfait pour les investisseurs du marché cible qui cherchent à faire fructifier leur argent. Notez que les systèmes de Ponzi ont des caractéristiques communes. Vous pouvez éviter d'en être victime en étant conscient des signaux d'alarme suivants :

- Des promesses de rendement élevé avec peu ou pas de risque Si les promesses sont trop belles pour être vraies, méfiez-vous. Chaque type d'investissement comporte un certain degré de risque. Les investissements à haut rendement comportent plus de risques. Il n'y a pas de retour sur investissement "garanti" ni de flux régulier de bénéfices, car les marchés connaissent des tendances à la hausse et à la baisse. Ainsi, lorsqu'un trader vous fait une proposition très alléchante qui vous garantit des revenus réguliers, il s'agit probablement d'une chaîne de Ponzi.

- Non réglementé et sans licence Les lois fédérales et d'État sur les valeurs mobilières exigent que toutes les entreprises et tous les professionnels de l'investissement soient enregistrés auprès de la SEC et obtiennent les autres licences nécessaires auprès des organismes de réglementation. La majorité des entreprises impliquées dans les systèmes de Ponzi ne sont pas enregistrées auprès de la SEC. Cela leur permet de fonctionner sous le radar et de faire de nombreuses victimes.

- Problèmes lors de la réception des paiements Les escrocs de Ponzi essaient toujours d'empêcher leurs clients d'encaisser. Ils proposent des rendements plus élevés pour que les clients restent sur place ou transfèrent leurs bitcoins investis. Certains retardent délibérément les paiements en prétendant que le système a des difficultés à encaisser les fonds.

- Des stratégies commerciales trop complexes à comprendre Évitez les propositions d'investissement en bitcoins qui ressemblent à de la science infuse et que même leurs recruteurs ou conseillers ne peuvent expliquer clairement. Les escrocs utilisent des stratégies complexes pour cacher leurs véritables motivations. S'ils ne sont pas en mesure de donner des informations complètes sur leur activité ou d'expliquer leur structure de frais, cessez d'y prêter attention.

- Problèmes liés à la paperasse ou aux documents Les escrocs de Crypto Ponzi ont toujours une excuse toute prête lorsque vous demandez des informations par écrit. Lorsque vous examinez vos relevés de compte, recherchez les erreurs qui pourraient être le signe d'activités frauduleuses.

- Pas de qualifications minimales pour les investisseurs Les sociétés d'investissement privé et les traders légitimes ont une liste d'exigences avant que vous ne deveniez un investisseur accrédité. Si l'opportunité d'investissement qu'on vous propose ne vous demande pas votre valeur nette ou votre salaire, soyez très sceptique et vérifiez leur légitimité.

- Exploitez toutes les affinités possibles Les escrocs se joignent souvent à des groupes qui partagent des affinités communes comme la religion, l'ethnie ou les intérêts pour trouver des victimes. Parfois, ils font même appel à des membres éminents et à des leaders respectés pour les aider à répandre de bonnes paroles sur les "investissements".

Escroquerie 8 : logiciels malveillants Les logiciels malveillants ont été utilisés par les pirates pour voler des numéros de comptes bancaires et de cartes de crédit ou obtenir des mots de passe pour accéder à des réseaux informatiques. Ils sont maintenant utilisés par les escrocs du bitcoin pour accéder aux portefeuilles de bitcoin connectés à Internet et y dérober des fonds.

Escroquerie 9 : Les escroqueries de la vieille école Certains escrocs vous appellent ou vous envoient un courriel pour vous dire que vous devez des arriérés d'impôts et qu'ils sont des représentants de l'IRS. De nombreuses personnes ne vérifient pas si la demande est légitime et envoient de l'argent pour couvrir l'écart. Mais au lieu d'un virement bancaire, ils insistent sur le transfert de bitcoins. Sachez que les autorités légitimes ne demandent pas de paiements en crypto-monnaies et ne contactent pas les gens de cette manière.

Escroquerie 10 : escroquerie par pompage et déversement Une activité de pompage et de déversement implique que des escrocs se regroupent pour acheter des actions en cents. Cela a pour effet de faire grimper le prix des actions. Ils profitent de cet élan pour recruter des personnes qui investissent dans ces actions en leur promettant de gagner facilement beaucoup d'argent. Ils vont même jusqu'à utiliser le soutien de fausses célébrités et de fausses nouvelles pour promouvoir leur projet d'investissement.

Malheureusement pour le bitcoin, la nouvelle technologie fait de cette crypto-monnaie une cible pour les escrocs. La technologie numérique peut donner l'impression que les fausses déclarations sont réelles, ce qui permet aux anciennes méthodes d'escroquerie d'évoluer vers une nouvelle stratégie d'investissement inhabituelle.

Comment se protéger des escrocs du bitcoin Ne soyez pas victime d'une escroquerie impliquant le bitcoin. Restez vigilant à tout moment, surtout lorsque vous êtes encore en train d'apprendre les tenants et aboutissants du trading de bitcoins. Voici quelques mesures efficaces à prendre :

- Faites des recherches approfondies avant de faire confiance à un courtier ou un échange de crypto-monnaies. Prenez le temps d'examiner leurs sites Web, leurs ICO, leurs gains, leurs protocoles de sécurité Web et leurs taux de conversion.

- N'investissez pas lorsque vous ne comprenez pas clairement la proposition de l'entreprise ou du projet.

- Vérifiez toujours la crédibilité et la réputation de l'entreprise ou du négociant. Vous devez toujours vous assurer que votre argent est entre de bonnes mains.

- Demandez conseil à un professionnel. Lorsque vous étudiez certaines propositions d'investissement en bitcoins, demandez l'aide de gestionnaires ou de conseillers en investissement expérimentés. Ils peuvent vous aider à trouver des signes de fraude et à expliquer les points douteux des offres.

Vous devez également envisager de mettre à niveau vos mesures de sécurité pour vous assurer que toutes vos transactions en crypto-monnaies sont privées, sûres et protégées.

- Installez un VPN pour crypter tout le trafic et rendre difficile la surveillance de vos activités de trading par les escrocs. Bien que les utilisateurs de crypto et les transactions soient pseudonymes, il est possible que les escrocs professionnels puissent les retracer. En installant un VPN doté d'une politique stricte de non-enregistrement et d'un killswitch, vòtre compte d'investissement est plus sûr.

- Protégez votre clé de sécurité physique. Cette pièce de matériel permet d'accéder à vos actifs en bitcoins. Il réduit considérablement le risque de traçage et de piratage.

Une autre chose importante à faire est de déterminer la meilleure façon de stocker vos bitcoins. À l'heure actuelle, il n'existe que deux façons de le faire :

- Les portefeuilles numériques Un portefeuille numérique est un stockage virtuel avec une clé de sécurité qui vous permet d'accéder à votre actif en cas de besoin pour tout type de transaction.
- Les bourses Les bourses sont comme des banques traditionnelles qui offrent des dépôts et des retraits de fonds avec des frais pour chaque transaction et la gestion des dépôts.

Que faire si vous êtes victime d'un système frauduleux ?

La meilleure chose à faire est de contacter immédiatement un avocat spécialisé dans les fraudes en matière d'investissement, le régulateur des valeurs mobilières de votre État, la Financial Industry Regulatory Authority (FINRA) ou la SEC et de signaler l'incident.

À retenir Trouver un bon courtier de confiance est la clé d'un trading de bitcoins réussi. C'est un choix approprié pour les débutants qui se familiarisent avec les marchés et les stratégies des crypto-monnaies. Lorsque vous choisissez un courtier en crypto-monnaies, vous devez vérifier ses références, sa réputation, ses performances, sa plateforme et d'autres éléments qui prouvent ses compétences et sa fiabilité. Vous ne voudriez pas perdre de l'argent. Vous voulez trader parce que vous aimez gagner de l'argent.

6

Quels sont les facteurs qui influencent le prix du bitcoin ?

Lorsque vous entrez sur le marché des crypto-monnaies, il est important de comprendre les facteurs qui peuvent directement affecter le prix du bitcoin. Vous pouvez exclure la politique monétaire, la mesure de la croissance économique et les taux d'inflation, car ces facteurs ne s'appliquent pas au bitcoin.

Les prix du bitcoin sont influencés par :

- La demande du marché et l'offre de bitcoins - Le coût du processus de minage pour créer le bitcoin - Les incitations aux mineurs de bitcoins qui travaillent pour vérifier les transactions sur la blockchain - Les échanges sur lesquels il s'échange - Le nombre de crypto-monnaies concurrentes - La gouvernance interne du bitcoin - Les réglementations qui régissent sa vente Offre et demande Le principal élément qui détermine le prix du bitcoin est l'offre et la demande. Lorsque la demande augmente, le prix du bitcoin augmente. Lorsque la demande du marché diminue, le prix baisse. Le prix le plus élevé jamais atteint par le bitcoin en mars 2021 est de 61 683,86 dollars.

L'offre est influencée de deux manières :

1. Le protocole bitcoin qui permet la création de nouveaux bitcoins à un taux fixe. Ce taux est conçu pour diminuer ou ralentir au fil du temps. Ce protocole crée des scénarios qui déclenchent l'escalade de la demande et font monter le prix du bitcoin. Lorsque la croissance de la circulation ralentit, la raison principale en est la réduction de moitié des récompenses de bloc offertes aux mineurs. Cela peut être interprété comme une inflation artificielle pour l'écosystème.

Mais ce mécanisme d'inflation artificielle n'aura plus d'impact sur le prix de la crypto lorsque la production sera terminée. Toutefois, au rythme actuel d'ajustement des récompenses par blocs, le dernier lot de bitcoins devrait être miné en 2140 ou au-delà.

1. Le nombre de bitcoins que le système autorise à exister. En décembre 2020, l'offre était de 18,587, ce qui représente environ 88,5 % du plafond de 21 millions de bitcoins. Une fois le nombre maximal atteint, le minage de nouvelles pièces cessera. A partir de là, les prix des bitcoins en circulation dépendront alors s'ils sont considérés comme utilisables dans les transactions, en demande par rapport aux autres cryptos, et légaux.

Coût de production Bien que le bitcoin soit un produit virtuel, il est produit (miné) et subit des coûts de production. Le facteur le plus important est la consommation d'électricité, car les mineurs travaillent en permanence pour résoudre des problèmes mathématiques cryptographiques complexes. Les autres dépenses sont la récompense du mineur pour la création de nouveaux bitcoins et les frais de transaction accumulés depuis la production du dernier bloc.

Bourses de devises La disponibilité des bourses de crypto-monnaies et des marchés d'échange peut avoir un impact sur le prix du bitcoin. Lorsqu'une bourse devient très populaire, elle attire d'autant plus facilement des participants pour générer un effet de réseau. En capitalisant sur l'influence du marché de la bourse, celle-ci peut établir des règles qui régissent la façon dont d'autres cryptos sont ajoutées ainsi que le niveau de conformité réglementaire.

Concurrence Si le bitcoin est la crypto-monnaie la plus populaire, il existe de nombreux jetons sur le marché qui se disputent l'attention. Les concurrents les plus proches sont Ethereum (ETH), Binance Coin (BNB), Tether (USDT), Polkadot (DOT) et Cardano (ADA). De plus, avec le peu de barrières à l'entrée, de plus en plus de nouvelles offres initiales de pièces (ICO) voient le jour. Pour la majorité des investisseurs en crypto-monnaies, un champ encombré est avantageux car il permet de maintenir les prix à la baisse. Heureusement, la grande visibilité du bitcoin lui donne un avantage décisif sur ses concurrents.

Gouvernance interne En l'absence de gouvernance par une autorité centrale, Bitcoin s'appuie sur les mineurs et les développeurs pour traiter les transactions et sécuriser le réseau blockchain. L'un des problèmes majeurs est l'évolutivité. Le logiciel bitcoin ne peut traiter qu'environ trois transactions par seconde, en fonction de la taille des blocs. La lenteur des transactions peut pousser de nombreux traders et investisseurs à se tourner vers des cryptomonnaies concurrentes.

En outre, la communauté Bitcoin est en proie à un dilemme quant à la meilleure façon d'accélérer le nombre de transactions. Les changements ou "forks" dans les règles d'utilisation du logiciel sont basés sur le consensus, ce qui ralentit la résolution des problèmes fondamentaux. Un "soft fork" fait référence aux changements de règles qui ne génèrent pas de nouvelles crypto-monnaies. Un "hard fork" est un changement de logiciel qui crée de nouvelles cryptomonnaies.

Réglementations et questions juridiques Les réglementations affectent les prix du bitcoin. L'augmentation rapide de sa popularité a incité les organismes de réglementation à garder les crypto-monnaies dans leur collimateur. La majorité des gouvernements deviennent attentifs aux activités illicites comme le blanchiment d'argent et surveillent l'implication possible du bitcoin. Actuellement, plusieurs pays la considèrent comme légale ou neutre et ne restreignent pas les transactions en bitcoin.

Cela donne également lieu à un débat permanent sur la classification de ce type d'actif numérique. La Commodity Futures Trading Commission (CFTC) américaine classe le bitcoin comme une marchandise, tandis que la Securities and Exchange Commission le considère comme une valeur mobilière. Cette question persistante est source d'incertitude.

Toutefois, l'envolée des capitalisations boursières et le lancement de divers produits financiers acceptant le bitcoin comme actif sous-jacent, comme les contrats à terme, les fonds négociés en bourse (ETF) et d'autres produits dérivés, rendent le bitcoin avantageux. Ils influencent les prix du bitcoin de deux manières :

- Ils permettent l'accès à de nombreux investisseurs qui n'ont pas les moyens d'acheter un bitcoin réel, ce qui fait augmenter la demande.
- Ils réduisent la volatilité des prix en permettant aux investisseurs institutionnels d'utiliser leurs actifs pour faire des paris sur l'évolution des prix dans l'autre sens.

À retenir Les prix du bitcoin montent et descendent également en raison de la couverture médiatique, de la disponibilité et de la spéculation. La presse positive augmente la demande, tandis que la presse négative fait paniquer certains détenteurs de bitcoins qui vendent leurs actions, ce qui fait baisser le prix. De même, lorsque le volume de pièces sur le marché augmente, le prix baisse.

Plus les investisseurs institutionnels adoptent le bitcoin comme moyen d'échange et d'investissement, plus le prix augmente. Et comme il est non réglementé et décentralisé, le bitcoin est une excellente alternative pour stocker de l'argent et diversifier son patrimoine.

7

L'avenir des crypto-monnaies

Si les crypto-monnaies existent depuis un peu plus d'une décennie, elles sont encore très récentes. Au fil du temps, leur valeur et leur popularité devraient continuer à augmenter, car beaucoup de gens les considèrent comme une meilleure alternative à la monnaie fiduciaire.

En outre, comme les bitcoins et autres crypto-monnaies ne sont pas réglementés par une autorité centrale, ils ne sont pas soumis au même type de manipulation que les monnaies ordinaires. Par exemple, lorsque le gouvernement américain augmente les taux d'intérêt ou les taux de change, cela a un impact direct sur la valeur du dollar américain. Cependant, lorsque le gouvernement augmente les taux d'intérêt des taux de change, il n'y a pas un tel effet sur les crypto-monnaies car elles ne sont pas directement affectées par les changements.

Pour en savoir plus, ce chapitre abordera la manière dont les crypto-monnaies affectent l'économie mondiale et l'avenir qu'elles réservent.

Découvrons-le, d'accord ?

L'avenir des crypto-monnaies Depuis le boom initial du bitcoin en 2013, les personnes affirmant que les crypto-monnaies représentent l'avenir n'ont pas manqué. Certains vont jusqu'à dire qu'elles seront plus importantes qu'Internet, tandis que d'autres pensent qu'elles remplaceront la monnaie fiduciaire telle que nous la connaissons. Cependant, il y a une chose sur laquelle nous sommes tous d'accord : les crypto-monnaies ne disparaîtront pas de sitôt.

En fait, il existe un certain nombre de raisons pour lesquelles les crypto-monnaies vont continuer à prospérer dans les années à venir :

L'essor des paiements mobiles Si les crypto-monnaies ne sont peut-être pas la forme de paiement la plus populaire, loin s'en faut, elles gagnent en popularité de jour en jour. Cela est dû en grande partie à l'augmentation des paiements mobiles. Après tout, lorsque les gens peuvent payer avec leur smartphone et laisser leur portefeuille à la maison, il est beaucoup plus logique pour eux d'utiliser des crypto-monnaies car ils n'ont pas besoin de se soucier de transporter de grandes quantités d'argent. Bien sûr, à mesure que cette technologie se répandra, la demande de crypto-monnaies en général augmentera. Au fur et à mesure que les gens deviennent plus à l'aise avec l'utilisation des crypto-monnaies, cela pourrait contribuer à les faire adopter par le grand public, ce qui ouvrirait de nouvelles voies de croissance pour l'industrie.

Amélioration technique Comme toute autre technologie qui existe depuis aussi longtemps que les crypto-monnaies, il est toujours possible de les améliorer et de les rendre meilleures. Par exemple, l'un des principaux problèmes rencontrés par de nombreuses personnes utilisant des crypto-monnaies est la vitesse de transaction. Alors que les transactions en monnaie fiduciaire sont traitées et réalisées en quelques secondes, le traitement de nombreuses crypto-monnaies peut prendre des heures, voire des jours. Heureusement, un certain nombre d'entreprises s'efforcent d'améliorer la vitesse des transactions et de la rapprocher des méthodes de paiement traditionnelles en utilisant la technologie blockchain. En fin de compte, cela rendra les crypto-monnaies plus attrayantes pour le grand public et contribuera à les faire adopter par la majorité.

L'essor des contrats intelligents L'un des domaines dans lesquels les crypto-monnaies se sont révélées un peu déficientes est leur capacité à faciliter les contrats intelligents. Cependant, le nombre de nouvelles applications qui ont été développées pour la technologie blockchain montre clairement que les contrats intelligents vont être l'un des domaines clés où les crypto-monnaies peuvent se développer et prospérer. En fait, nombreux sont ceux qui pensent que l'utilisation de contrats intelligents contribuera à faire adopter les crypto-monnaies par le grand public, car elle leur permettra d'être utilisées d'une manière qui n'aurait jamais été possible auparavant. En d'autres termes, si une entreprise développe un jeu où les gens peuvent payer en crypto-monnaies, les gens commenceront à l'utiliser simplement parce qu'ils veulent jouer à ce jeu. Cela pourrait conduire à une adoption massive par la seule demande et pourrait pousser les cryptocurrencies dans l'utilisation courante avec peu d'efforts.

Une réglementation accrue Lorsque les crypto-monnaies sont apparues sur la scène, le grand public était très sceptique et il était difficile de les utiliser à quelque titre que ce soit. Cependant, au fil du temps, une pression s'est exercée en faveur d'une réglementation accrue, ce qui a fait des merveilles pour la croissance des crypto-monnaies. Lorsque les gens savent que leur argent est en sécurité et que des réglementations sont en place pour les protéger, ils sont plus enclins à utiliser les crypto-monnaies. Au fur et à mesure que les gens commencent à faire confiance aux crypto-monnaies, ils commenceront à les utiliser plus fréquemment et cela pourrait conduire à une augmentation massive de la croissance par rapport aux premiers jours de la crypto-monnaie.

L'essor des échanges de crypto-monnaies et des plateformes d'échange Si la plupart des personnes qui ont entendu parler des crypto-monnaies ont entendu parler d'échanges comme Coinbase, beaucoup d'autres n'en ont pas entendu parler. Pourtant, ces bourses jouent un rôle essentiel dans l'écosystème du bitcoin, car elles permettent aux gens d'acheter, de vendre/échanger et d'investir quotidiennement dans diverses cryptocurrences. En fait, certaines bourses comme Binance ont connu une croissance si rapide au cours de l'année dernière qu'elles sont devenues les plus grandes bourses de crypto-monnaies au monde.

En plus des bourses, il existe un certain nombre de plateformes de négociation qui se sont également développées au cours des dernières années. Bien qu'il y ait beaucoup de concurrence dans cet espace, des entreprises comme eToro ont montré qu'il est possible de faire connaître les crypto-monnaies à un public plus large et de lui offrir un moyen d'investir sans avoir de connaissances techniques. Bien sûr, cela a contribué à rendre l'investissement dans les cryptocurrences beaucoup plus facile et cela les a également rendues plus attrayantes pour les investisseurs occasionnels.

Les perspectives des crypto-monnaies Les crypto-monnaies sont encore très récentes et, en tant que telles, elles sont confrontées à leur lot de risques et de critiques. Cependant, les crypto-monnaies ont survécu à toutes ces controverses et à tous ces revers, il ne fait donc aucun doute qu'elles continueront à gagner en popularité et en utilisation. Par conséquent, nous pouvons être sûrs que les crypto-monnaies resteront pertinentes à l'avenir.

En 2021, les crypto-monnaies seront plus largement utilisées que jamais. Au fil du temps, de plus en plus de personnes commenceront à adopter les crypto-monnaies et elles feront partie intégrante de notre vie personnelle et professionnelle. La seule question qui se pose est la suivante : jusqu'où iront-elles ?

Bien qu'il n'y ait aucun moyen de prédire l'avenir avec certitude, il existe quelques scénarios possibles qui pourraient avoir un impact significatif sur les crypto-monnaies. Ces scénarios sont les suivants :

Scénario 1 : les crypto-monnaies deviennent une monnaie courante Le premier scénario, le plus évident, est que les crypto-monnaies deviendront la forme dominante de monnaie utilisée dans tous les aspects de la vie. Imaginez que vous puissiez acheter des biens et des services avec des bitcoins aussi facilement qu'avec des espèces. En fait, les bitcoins seraient tout aussi faciles à utiliser que l'argent liquide, car vous n'auriez pas à vous soucier de les échanger contre des devises fiduciaires ou à faire face à des frais de transaction. Cela signifie que votre vie quotidienne serait totalement dépourvue d'argent liquide.

Toutefois, ce scénario est très improbable, car il implique que les gens abandonnent complètement leurs monnaies fiduciaires et adoptent les crypto-monnaies. De nombreuses personnes ne verront jamais l'intérêt d'abandonner complètement l'argent liquide, car l'utilisation de la monnaie fiduciaire présente de nombreux avantages par rapport aux crypto-monnaies. Il s'agit notamment de la possibilité de détenir physiquement son argent et de l'échanger facilement contre des biens et des services. Malgré tout, certaines personnes sont prêtes à abandonner leur monnaie fiduciaire et à passer aux crypto-monnaies, en particulier celles qui sont déjà familiarisées avec la monnaie numérique.

Une autre raison pour laquelle ce scénario est peu probable est que les crypto-monnaies ne sont actuellement soutenues par aucun gouvernement ou banque centrale. Cela peut être très déstabilisant pour certaines personnes qui ne font confiance qu'à leur gouvernement pour garantir que leur monnaie est sûre et sécurisée. Cependant, ce serait une erreur de penser que les crypto-monnaies ne sont pas sûres ; en fait, elles ne seront jamais affectées par l'inflation ou la dévaluation.

Scénario 2 : les crypto-monnaies deviennent un investissement dominant Un deuxième scénario serait que les crypto-monnaies deviennent la forme dominante d'investissement. Ce scénario serait similaire au premier en ce sens que vous seriez en mesure d'acheter, de vendre et d'échanger des crypto-monnaies aussi facilement que des actions et des obligations. Toutefois, la grande différence ici est que vous pourriez facilement acheter et vendre ces investissements 24 heures sur 24, 7 jours sur 7, 365 jours par an.

Les crypto-monnaies n'étant liées à aucun pays ni aucune monnaie, vous n'avez plus à vous soucier des taxes ou des problèmes d'internationalisation. Cela signifie que vous pouvez négocier 24 heures sur 24, 7 jours sur 7, 365 jours par an, sans avoir à vous soucier des lois fiscales ou des règles limitant votre capacité à investir sur les marchés étrangers. Et si cela peut sembler être un excellent moyen de gagner de l'argent, cela signifie également qu'il y aura toujours quelqu'un prêt et disposé à vous prendre votre argent à n'importe quelle heure du jour ou de la nuit.

Scénario 3 : les gouvernements réglementent les crypto-monnaies Un troisième scénario serait que les gouvernements réglementent les crypto-monnaies. Cela signifierait que les crypto-monnaies ne sont pas utilisées comme une forme de monnaie ou d'investissement, mais qu'elles sont plutôt réglementées et surveillées par les gouvernements.

Ce n'est pas la même chose que si les crypto-monnaies étaient soutenues par leurs gouvernements respectifs. Cela signifie plutôt que les crypto-monnaies seraient réglementées de la même manière que les autres formes de devises, sauf que cette fois, il s'agirait d'une monnaie numérique et non d'une monnaie fiduciaire. En tant que telles, vous pourriez toujours investir dans ces monnaies aussi facilement que vous le faites avec d'autres devises et actifs, mais vous n'auriez pas à vous soucier d'une quelconque volatilité ou fluctuation, car elles auraient une valeur fixe, tout comme la monnaie fiduciaire.

Scénario 4 : toutes les crypto-monnaies sont réglementées par un gouvernement particulier Un quatrième et dernier scénario est que toutes les crypto-monnaies sont réglementées par un seul gouvernement. Cela signifierait que la monnaie numérique n'existerait plus en tant que forme distincte de monnaie ; au lieu de cela, elles seraient toutes liées entre elles par une seule agence gouvernementale de réglementation. Cette agence veillerait à ce que les crypto-monnaies soient utilisées de manière sûre et sécurisée.

Cependant, ce scénario est hautement improbable car les crypto-monnaies sont conçues pour être entièrement décentralisées et ne sont liées à aucun gouvernement ou monnaie. En fait, la nature même des crypto-monnaies est qu'elles sont censées être séparées de tous les gouvernements et de toutes les monnaies. Ainsi, s'il est possible pour un pays de réglementer toutes les crypto-monnaies, cela ne durerait pas longtemps car d'autres pays suivraient probablement.

L'avenir des crypto-monnaies et de la monnaie fiduciaire De nombreuses personnes pensent que les crypto-monnaies finiront par remplacer la monnaie fiduciaire et deviendront la seule forme de monnaie numérique. Cependant, il est très peu probable que cela se produise, car il y aura toujours un besoin de monnaie fiduciaire. Par exemple, lorsque des achats importants sont effectués, il est important d'avoir de l'argent liquide en main. En outre, certains endroits n'acceptent pas les crypto-monnaies et, à moins que des solutions adaptées aux crypto-monnaies ne soient disponibles, les gens devront toujours utiliser de l'argent physique.

Cependant, l'avenir des crypto-monnaies ne dépend pas du fait qu'elles remplacent ou non la monnaie fiduciaire. Il dépend plutôt de la manière dont les crypto-monnaies s'intègrent aux autres formes de monnaie numérique, telles que la monnaie fiduciaire et les points. Par exemple, si les crypto-monnaies peuvent être utilisées comme moyen de paiement chez plusieurs détaillants différents, elles survivront probablement à long terme, d'une manière ou d'une autre.

C'est là que les choses deviennent vraiment intéressantes. À l'avenir, il est probable que toutes les formes d'argent seront numériques et que les crypto-monnaies joueront un rôle important dans ce nouvel écosystème financier. Cela signifie que les crypto-monnaies ne remplaceront peut-être pas les autres formes d'argent, mais qu'elles pourraient devenir un élément crucial de notre système financier.

Les crypto-monnaies dans le monde La popularité des crypto-monnaies ne cesse de croître, tout comme leur utilisation dans le monde. Il existe actuellement un peu plus d'un millier de crypto-monnaies, mais beaucoup d'autres feront leur apparition au cours des prochaines années. Aujourd'hui encore, il existe des crypto-monnaies qui ne sont utilisées que dans certains pays ;

Ces types de monnaies deviendront encore plus courants au fil du temps.

Il est également possible que de nombreuses monnaies actuelles soient progressivement éliminées et remplacées par de nouvelles. Il est tout à fait possible que certaines des pièces les plus populaires d'aujourd'hui ne durent pas une décennie de plus, ce qui signifie que les investisseurs doivent sélectionner soigneusement leurs investissements s'ils veulent qu'ils soient rentables à l'avenir.

Un autre facteur à prendre en compte est la façon dont les différents pays du monde vont traiter les crypto-monnaies. Alors que certains pays pourraient les adopter, d'autres pourraient décider de les interdire, ce qui pourrait entraîner des changements importants dans la façon dont elles sont utilisées dans le monde. Certains pays pourraient même décider de créer leur propre version d'une crypto-monnaie, ce qui pourrait donner lieu à des débats et des conflits intéressants entre les pays.

Aujourd'hui, l'un des plus gros problèmes auxquels les crypto-monnaies sont confrontées est leur popularité dans certaines parties du monde alors qu'elles sont complètement ignorées dans d'autres.

Par exemple, dans des pays comme le Venezuela et le Zimbabwe, les crypto-monnaies sont extrêmement populaires en raison des réglementations gouvernementales strictes qui ont amené les gens à perdre confiance dans leurs monnaies fiduciaires. Cependant, des pays comme les États-Unis et le Japon ont été réticents à adopter les crypto-monnaies car ils les considèrent comme un investissement risqué.

Ce conflit entre pays est susceptible de causer des problèmes majeurs à l'avenir, surtout si les crypto-monnaies deviennent encore plus courantes.

Par ailleurs, vous devez également tenir compte de l'impact que les cryptocurrencies pourraient avoir sur les entreprises. Au cours des prochaines années, un nombre croissant d'entreprises accepteront les crypto-monnaies pour les paiements et les transactions. Il sera ainsi plus facile que jamais pour les gens d'acheter des choses avec leurs investissements en crypto-monnaies.

Il est également possible que certaines entreprises créent leurs propres monnaies numériques, ce qui pourrait les amener à devenir tout aussi populaires que certaines des crypto-monnaies actuelles. Cela pourrait aider les crypto-monnaies à devenir plus courantes et s'avérer être une opportunité d'investissement lucrative.

Réglementations et crypto-monnaies Dans le passé, les crypto-monnaies étaient largement ignorées par les gouvernements, et elles n'étaient pas tenues de suivre une réglementation particulière. Cependant, à mesure qu'elles gagnent en popularité, les gouvernements du monde entier commencent à prendre conscience de leur impact potentiel sur la société.

Par exemple, la Suisse a créé un organisme de réglementation des crypto-monnaies qui est censé aider à établir des directives claires pour toutes les entreprises liées aux crypto-monnaies. La Corée du Sud a également annoncé son intention de créer un nouvel organisme de réglementation qui sera chargé de superviser le marché des crypto-monnaies. De nombreux autres pays dans le monde suivront probablement l'exemple dans les prochaines années en raison de la rapidité avec laquelle les crypto-monnaies gagnent en popularité.

Aux États-Unis, la Securities and Exchange Commission (SEC) a été la plus active dans le domaine des crypto-monnaies. Jusqu'à présent, elle a été assez stricte sur la façon dont les crypto-monnaies sont réglementées.

La réglementation des crypto-monnaies aux États-Unis a entraîné quelques problèmes majeurs, notamment l'effondrement récent de la bourse de crypto-monnaies populaire, Bitconnect.

La société a été accusée de fonctionner comme un système pyramidal illégal par la SEC et d'autres organismes de réglementation dans le monde. En conséquence, ils ont perdu leur licence au Texas et ont été contraints de fermer leur plateforme d'échange. Le fait qu'ils aient pu opérer aux États-Unis pendant si longtemps témoigne de la difficulté qu'ont les régulateurs à suivre les crypto-monnaies.

Indépendamment de la rigueur ou du laxisme des réglementations dans le monde, les crypto-monnaies devront être réglementées d'une manière ou d'une autre pour être acceptées à l'échelle mondiale. Par exemple, si aucune réglementation n'est mise en place, les crypto-monnaies pourraient devenir la cible de pirates informatiques et de criminels cherchant à gagner rapidement de l'argent grâce à des activités illégales. Quelle que soit la réglementation mise en place, elle aura un impact énorme sur l'utilisation des crypto-monnaies dans le monde.

Les réglementations sont une préoccupation majeure pour de nombreuses personnes qui veulent investir dans les cryptos. Bien que ces réglementations puissent sembler être une mauvaise chose au départ, de nombreux experts pensent qu'elles seront en fait bonnes pour l'industrie dans son ensemble, car elles contribueront à créer un écosystème plus stable pour les investisseurs et les traders.

Alors que l'environnement réglementaire continue d'évoluer, de nombreuses personnes suivront de près les pays qui adopteront les crypto-monnaies et ceux qui les interdiront. Cela pourrait jouer un rôle majeur dans la quantité d'argent investi dans les cryptocurrences à l'avenir, car certains investisseurs pourraient choisir d'éviter tout simplement les pays qui sont spécifiquement anti-cryptocurrences.

Les investisseurs institutionnels et les crypto-monnaies Dans le passé, les investisseurs institutionnels sont restés à l'écart des crypto-monnaies parce qu'ils voulaient éviter la nature à haut risque et à haut rendement que ce type de marché présente. Cependant, à mesure que les crypto-monnaies deviennent une option d'investissement plus légitime, les investisseurs institutionnels commencent à en tenir compte. La raison pour laquelle ces investisseurs institutionnels commencent à s'impliquer dans les cryptocurrencies est qu'ils commencent à voir que la valeur des cryptocurrencies pourrait augmenter de manière significative au fil du temps. Cela signifie qu'avoir une partie de leurs investissements dans les cryptocurrences pourrait finir par être l'un des meilleurs investissements qu'ils aient jamais fait.

Par exemple, en 2017, Goldman Sachs a annoncé son intention d'ouvrir un bureau de négociation de crypto-monnaies. Quelques mois plus tard, BlackRock, le plus grand gestionnaire de fonds au monde avec plus de 6 000 milliards de dollars sous gestion, a annoncé qu'il envisageait également d'investir dans les cryptocurrences. Ce ne sont là que quelques exemples de la façon dont les investisseurs institutionnels s'intéressent peu à peu aux crypto-monnaies en tant que véhicule d'investissement.

La SEC a également été très catégorique sur le fait que les institutions financières traditionnelles ne sont pas autorisées à investir dans les cryptocurrences tant qu'elles ne sont pas correctement réglementées. Cependant, de nombreux investisseurs institutionnels ne semblent pas respecter ces règles, et ils trouvent des moyens d'investir dans le marché des cryptocurrences de toute façon.

Par exemple, certains des plus grands fonds spéculatifs investissent d'importantes sommes d'argent dans le cadre de leurs stratégies de devises numériques. À un moment donné, la SEC n'aura probablement pas d'autre choix que d'autoriser les investisseurs institutionnels à entrer sur le marché des crypto-monnaies, car celui-ci commence à devenir trop important pour qu'ils puissent l'ignorer.

8

Comment acheter des crypto-monnaies

Maintenant que vous connaissez les bases des crypto-monnaies, vous vous demandez peut-être comment les acheter. Il existe plusieurs façons d'acheter des crypto-monnaies, mais les méthodes les plus populaires sont l'achat auprès d'une bourse, l'achat auprès de particuliers ou le minage.

Dans ce chapitre, nous allons voir comment vous pouvez acheter et vendre des crypto-monnaies. Nous avons également fourni une liste des échanges disponibles pour vous permettre de comprendre facilement comment acheter votre première cryptocurrency.

Comment acheter des crypto-monnaies Acheter auprès d'un échange Ces échanges agissent comme un intermédiaire entre un acheteur et un vendeur et facilitent l'achat et la vente de différentes crypto-monnaies. Des exemples de bourses sont Coinbase, Binance, etc.

Acheter directement auprès de particuliers De nombreuses personnes possédant des crypto-monnaies les vendent directement à des particuliers par le biais de plateformes telles que LocalBitcoins et Craigslist. Les transactions peuvent être effectuées en ligne ou en personne, en espèces ou par d'autres moyens de paiement. Vous pouvez également trouver des négociants en crypto-monnaies sur Reddit qui échangeront des bitcoins contre d'autres crypto-monnaies ou vice versa à un taux déterminé par le marché (c'est-à-dire l'offre et la demande actuelles).

Minez vous-même Si vous disposez d'une grande puissance de calcul, vous pouvez miner vous-même le bitcoin et d'autres crypto-monnaies. C'est d'ailleurs de cette façon que le bitcoin a été créé et qu'il est encore utilisé aujourd'hui. Comme nous l'avons vu dans le premier chapitre, le minage peut être une entreprise potentiellement rentable, mais il est également très risqué. Nous y reviendrons dans les prochains chapitres.

La meilleure façon d'acheter des crypto-monnaies Il est important de noter qu'il n'y a pas de "meilleure" façon d'acheter des crypto-monnaies. Vous devez simplement choisir la méthode qui vous convient le mieux.

Cependant, de nombreux experts recommandent d'acheter directement auprès des bourses, car c'est le moyen le plus simple et le plus sûr d'acheter des crypto-monnaies. En outre, les échanges vous permettent également d'acheter et de vendre différentes cryptocurrences entre elles, ce qui vous permet de diversifier facilement vos investissements.

Lorsque vous achetez auprès d'un échange, vous devez ouvrir un compte en fournissant votre nom et votre adresse. Vous devrez également fournir une preuve d'identité (c'est-à-dire une photo de votre permis de conduire ou de votre passeport), alors assurez-vous de l'avoir sous la main lorsque vous ouvrez un compte. Après avoir vérifié votre compte, vous pouvez ensuite déposer de la monnaie fiduciaire, comme des dollars américains, dans la bourse afin d'acheter des crypto-monnaies instantanément en utilisant une carte de crédit ou un virement bancaire.

Le processus de dépôt de devises est similaire sur tous les échanges. Cependant, certaines bourses n'acceptent pas les devises fiduciaires, alors assurez-vous de vérifier au préalable.

Les avantages de l'achat de crypto-monnaies Au lieu de miner, l'achat de crypto-monnaies offre quelques avantages. L'avantage le plus évident est que vous pouvez vous lancer sans avoir à acheter d'équipement coûteux. Vous pouvez également choisir le type de crypto-monnaie que vous souhaitez acheter et investir au moment idéal. Par exemple, si vous souhaitez investir dans le bitcoin, vous pouvez l'acheter à des prix plus bas lorsqu'il traverse une période creuse et le vendre lorsque le prix remonte.

Voici une liste des avantages de l'achat de crypto-monnaies : 1. Achat instantané Vous pouvez acheter la quantité de crypto-monnaies que vous souhaitez instantanément. Il n'y a pas d'attente pour que les pièces soient extraites ou transférées.

2. Accès à un large éventail de crypto-monnaies Lorsque vous achetez des crypto-monnaies auprès d'un échange ou de personne à personne, vous avez accès à un large éventail de crypto-monnaies en fonction de ce qui est disponible sur l'échange ou auprès de la personne auprès de laquelle vous achetez. Cela vous permet de choisir la pièce qui répond le mieux à vos besoins et le montant que vous souhaitez y investir. Comme beaucoup de gens aiment l'excitation d'investir dans quelque chose de nouveau et d'inconnu, cela leur donne également accès à de nouvelles cryptocurrences auxquelles ils n'auraient pas accès autrement sans acheter d'abord quelques bitcoins.

3. Une plus grande flexibilité de transaction Acheter des crypto-monnaies directement à partir d'un échange vous donne la possibilité d'utiliser la méthode de paiement que vous préférez. Par exemple, si vous souhaitez acheter une grande quantité de bitcoins, il peut parfois être plus économique d'utiliser un virement bancaire que d'autres méthodes de paiement. Les méthodes de paiement peuvent également être utilisées pour effectuer des achats de manière anonyme.

4. Avantages fiscaux Il existe des avantages fiscaux associés à l'achat de crypto-monnaies, surtout si vous prévoyez de les conserver longtemps et de ne pas les utiliser fréquemment. Si vous achetez des bitcoins et que vous ne les revendez pas pendant une longue période, par exemple, les gains réalisés sur cet investissement sont imposés au taux des gains en capital à long terme, qui est beaucoup plus faible que le taux des gains en capital à court terme (qui est généralement utilisé pour les investissements détenus pendant moins d'un an). Les mêmes règles fiscales s'appliquent si vous achetez un produit comme l'Ethereum et que vous le détenez pendant une longue période ; les gains éventuels seront imposés au taux des plus-values à long terme et non au taux de l'impôt sur le revenu. Vous n'économiserez probablement pas beaucoup d'argent en procédant ainsi, mais chaque petit geste compte.

Les inconvénients de l'achat de crypto-monnaies Malheureusement, l'achat de crypto-monnaies présente des inconvénients. Le plus gros inconvénient est le fait que vous devez l'acheter auprès d'une bourse ou d'un particulier. Cela signifie que vous devrez passer par un tiers, ce qui augmente le risque de fraude et d'autres problèmes tels que le piratage des échanges, la fraude au paiement et la résolution des litiges.

Voici une liste des inconvénients de l'achat de crypto-monnaies : 1. Vous n'avez aucun contrôle sur la façon dont votre crypto-monnaie est stockée Si vous achetez des crypto-monnaies auprès d'un échange ou d'une personne, vous n'avez aucun contrôle sur la façon dont votre crypto-monnaie est stockée (c'est-à-dire si elle est stockée dans un portefeuille chaud ou froid). Vous n'avez pas non plus de contrôle sur la façon dont le vendeur les stocke. Parfois, les gens stockent leurs crypto-monnaies sur des bourses parce qu'ils pensent qu'ils peuvent le faire sans aucun risque parce qu'ils font confiance à la bourse ; cependant, cette confiance peut être mal placée car les bourses ont été piratées dans le passé et les utilisateurs pourraient perdre leurs fonds à cause de cela. Par exemple, Mt. Gox était autrefois la bourse la plus populaire pour l'achat et la vente de bitcoins, mais elle a été piratée en 2014 et de nombreux investisseurs ont perdu leurs fonds.

2. Les frais sont plus élevés lors de l'achat de crypto-monnaies auprès d'une bourse Il y a des frais associés à l'achat de crypto-monnaies auprès d'une bourse : les bourses vous factureront des frais pour l'achat de crypto-

monnaies et vous devrez souvent aussi payer des frais pour retirer la crypto-monnaie vers votre portefeuille numérique ou vers une bourse de votre choix. Les frais dépendront du type de crypto-monnaie, mais ils peuvent parfois atteindre 5 %.

3. Vous devez savoir comment utiliser un portefeuille numérique Pour acheter et stocker des crypto-monnaies, vous devez disposer d'un portefeuille numérique (c'est-à-dire un endroit où le code crypté est stocké). Si vous achetez des crypto-monnaies auprès d'une bourse ou d'une personne, il se peut qu'ils aient des instructions sur la façon d'utiliser leurs portefeuilles numériques, mais ils n'utilisent peut-être pas la meilleure méthode.

4. Vous devez faire des recherches sur le fonctionnement des crypto-monnaies Le processus d'achat de crypto-monnaies peut être très déroutant si vous ne savez pas ce que vous faites, donc si c'est la première fois que vous achetez des crypto-monnaies, alors vous devrez faire des recherches sur le fonctionnement des portefeuilles numériques et la façon de les utiliser.

Les risques liés à l'achat de crypto-monnaies Examinons maintenant les risques liés à l'achat de crypto-monnaies.

Risque d'être victime de fraude et de piratage Malheureusement, il y a beaucoup d'escroqueries dans le domaine des crypto-monnaies et vous pourriez facilement en être victime si vous ne savez pas ce que vous faites. Les escrocs travaillent souvent sur des sites tels que Craigslist où ils vous diront qu'ils veulent acheter votre crypto-monnaie en espèces, mais ils n'ont en fait aucune intention de vous payer. Parfois, les escrocs essaient d'inciter les gens à leur donner la clé privée de leur portefeuille numérique afin qu'ils puissent accéder à leurs fonds.

Que ce soit en raison d'une attaque de pirates ou d'une panne de serveur, les bourses ont également été piratées par le passé et des utilisateurs ont perdu leurs fonds à cause de cela.

Difficultés de retrait des crypto-monnaies Malheureusement, il y aura toujours des difficultés à retirer des crypto-monnaies d'un échange ou d'une personne à une autre. Par exemple, certains échanges ou vendeurs de personne à personne peuvent avoir des limites de retrait sur la crypto-monnaie achetée ou avoir une longue liste d'exigences à remplir avant de pouvoir retirer votre crypto-monnaie. Les frais associés aux retraits peuvent également être très élevés, parfois jusqu'à 5 %.

La crypto-monnaie vaut moins que lorsque vous l'avez achetée Lorsque vous achetez une crypto-monnaie, son prix peut changer avant que vous puissiez la vendre. Comme mentionné ci-dessus, cela signifie que votre crypto-monnaie pourrait valoir moins quand vous êtes prêt à la vendre que lorsque vous l'avez achetée. En effet, le prix d'une crypto-monnaie fluctue souvent de manière assez importante. Il peut aussi bien baisser qu'augmenter, donc si vous pensez que le prix va augmenter, à un moment donné, il pourrait baisser et vice versa.

Perte de votre clé privée ou de votre portefeuille numérique Si vous perdez votre clé privée ou si quelqu'un a accès à votre portefeuille numérique, il peut s'emparer de toutes vos crypto-monnaies et vous ne pourrez rien y faire (sauf si vous avez des copies de sauvegarde de vos clés privées et/ou de vos portefeuilles numériques). C'est donc une autre raison pour laquelle il est important de ne pas stocker trop d'argent sur un seul échange.

Vous pourriez ne pas être en mesure de vendre votre crypto-monnaie à quelqu'un d'autre pour de l'argent liquide C'est une autre préoccupation que beaucoup de gens ont lorsqu'ils achètent des crypto-monnaies parce qu'ils veulent être en mesure d'encaisser, mais parfois ils ne peuvent pas le faire avec un individu ou avec un échange parce qu'il n'y a pas d'acheteur prêt à leur acheter à un bon prix. C'est ce qu'on appelle la "liquidité" dans l'espace cryptographique, ce qui signifie qu'il y a des gens qui veulent acheter et vendre à tout moment ; si vous n'avez pas de liquidité, vous pourriez finir par perdre beaucoup de temps à essayer de vendre votre crypto-monnaie.

Les meilleures bourses pour acheter des crypto-monnaies Maintenant que nous avons discuté des avantages, des inconvénients, ainsi que des risques de l'achat de crypto-monnaies, il est temps d'apprendre comment acheter réellement des crypto-monnaies. L'un des meilleurs endroits pour acheter des crypto-monnaies est une bourse d'échange réputée, qui permet aux utilisateurs d'acheter des bitcoins, des ethereum et d'autres crypto-monnaies directement avec leur monnaie locale.

Cependant, il existe de nombreux échanges parmi lesquels il faut savoir lesquels utiliser. Au chapitre 2, nous avons brièvement mentionné certains des échanges les plus populaires. Maintenant, jetons un coup d'œil à ces échanges et découvrons leurs principales caractéristiques :

Coinbase Coinbase a été fondée par Brian Armstrong et Fred Ehrsam, et c'est la bourse la plus populaire au monde. Cette bourse a été fondée en 2012 et est depuis devenue l'une des plateformes les plus fiables pour acheter des bitcoins et d'autres crypto-monnaies. Coinbase fournit une interface facile à utiliser qui permet aux utilisateurs d'acheter des crypto-monnaies par le biais de leur carte de crédit ou de leur compte bancaire.

Coinbase a son siège social à San Francisco, en Californie, aux États-Unis. Cette société propose l'achat direct de crypto-monnaies par le biais de sa plateforme avec de nombreuses méthodes de paiement dont PayPal, les transferts de comptes bancaires ainsi que les cartes de crédit. Son principal avantage est qu'elle est très conviviale pour les débutants, avec une interface simple dans laquelle on peut naviguer facilement. Le seul inconvénient de Coinbase est que les frais de transaction sont très élevés lors de la reconversion des crypto-monnaies dans votre monnaie locale. Les frais varient en fonction de la méthode de paiement utilisée pour acheter la cryptocurrency, et se situent généralement autour de 4% du montant de la transaction.

Si vous souhaitez acheter des crypto-monnaies par le biais de Coinbase, vous pouvez le faire en créant un compte, en fournissant vos informations personnelles ainsi qu'une adresse e-mail et un numéro de téléphone valides.

LocalBitcoins LocalBitcoins est une autre excellente option pour tous ceux qui souhaitent acheter des bitcoins ou d'autres crypto-monnaies par le biais d'un échange sans avoir à utiliser une carte bancaire ou de crédit. Cette plateforme est disponible dans près de 200 pays dans le monde, et elle offre une gamme de méthodes de paiement telles que le transfert d'espèces sur le site Web de LocalBitcoins en utilisant la rencontre avec quelqu'un en personne et l'échange d'espèces contre des crypto-monnaies, ou même en payant avec des paiements PayPal ou Western Union, et plus encore. Il existe également des options de paiement avancées qui sont proposées par LocalBitcoin, telles que l'envoi d'un virement bancaire ou le dépôt d'espèces à un guichet automatique.

Le plus grand avantage de l'utilisation de LocalBitcoins est que vous pouvez éviter complètement les frais de banque et de carte de crédit en achetant des crypto-monnaies à une autre personne qui veut vous en vendre. Vous pouvez payer en espèces ou par d'autres méthodes, auquel cas le vendeur peut facturer des frais pour ses services.

Bitstamp Bitstamp est l'un des plus anciens échanges sur le marché des crypto-monnaies, et il permet aux utilisateurs d'acheter du Bitcoin, de l'Ethereum et d'autres crypto-monnaies avec leur monnaie locale via leur plateforme. Le principal avantage d'utiliser Bitstamp est que son interface utilisateur est très simple et facile à utiliser pour les débutants, donc même si vous êtes complètement nouveau dans les monnaies numériques, il devrait toujours être relativement facile d'utiliser cette plate-forme. Elle offre également des transferts rapides et a des frais de transaction faibles lors de l'achat de crypto-monnaies via votre compte en monnaie locale ;

environ 0 % lorsque vous effectuez un achat avec votre carte de crédit, ou entre 0,05 % et 0,25 % selon la méthode de paiement que vous utilisez pour acheter votre crypto-monnaie.

Cet échange présente toutefois quelques inconvénients, notamment celui de ne pas être disponible dans le monde entier, puisqu'il n'est disponible qu'en Europe et aux États-Unis. Un autre inconvénient de cette plateforme est qu'elle ne permet aux utilisateurs d'acheter du Bitcoin, de l'Ethereum, du Litecoin et d'autres crypto-monnaies que par virement bancaire ; aucune carte de crédit ou paiement en espèces n'est accepté sur leur plateforme.

Binance Binance est un échange de crypto-monnaies relativement nouveau basé en Chine, et il offre aux utilisateurs un moyen incroyable d'acheter du Bitcoin et d'autres crypto-monnaies par le biais de cartes de crédit ou de dépôts en espèces à n'importe quel guichet automatique dans le monde. Cette plateforme est devenue extrêmement populaire au cours des derniers mois en raison de sa capacité à fournir une interface simple avec des informations faciles à comprendre sur le montant pour lequel vous pouvez acheter une certaine devise à tout moment. Le plus grand avantage d'utiliser Binance est qu'il offre un large éventail de crypto-monnaies différentes, donc si vous voulez acheter une autre crypto-monnaie que le Bitcoin, l'Ethereum ou le Bitcoin Cash, vous pouvez le faire par le biais de cette plate-forme.

Cependant, l'un des principaux inconvénients de l'utilisation de Binance est qu'il a des frais très élevés lors de la reconversion de la crypto-monnaie dans votre monnaie locale ; jusqu'à 5% de la transaction pourrait être perdue en frais.

Bittrex Bittrex est un autre échange populaire qui permet aux utilisateurs d'acheter des bitcoins et d'autres cryptocurrences avec leur monnaie locale, et il est devenu très populaire ces dernières années en raison de sa grande sélection de cryptocurrences. Cependant, l'un des plus gros inconvénients de cette plateforme est qu'elle peut être assez déroutante pour les débutants, et ne fournit aucune information sur les frais associés à la transaction. Un autre inconvénient de cette plateforme est que les personnes qui sont situées dans certains pays peuvent ne pas être en mesure d'utiliser cet échange en fonction de leur emplacement.

Poloniex Poloniex a été fondée par Tristan D'Agosta en janvier 2014 dans le Delaware, aux États-Unis ; elle propose un large éventail de crypto-monnaies, notamment le Bitcoin, l'Ethereum, le Litecoin et bien d'autres, ainsi qu'un large éventail de paires de négociation également. Cet échange est devenu l'un des plus grands échanges dans le monde parce qu'il fournit une grande interface utilisateur qui permet aux utilisateurs de négocier facilement à travers leur plate-forme ; tout ce que vous avez à faire est de créer un compte et ensuite de déposer votre cryptocurrency à l'échange, ce qui peut être fait par votre compte bancaire ou votre carte de crédit, et ensuite vous pouvez commencer à négocier.

Comment choisir le bon échange Maintenant que vous connaissez certains des meilleurs échanges à utiliser, vous devez maintenant apprendre à choisir celui qui vous convient le mieux. Il s'agit d'une décision très personnelle, car elle dépend de nombreux facteurs. Cependant, certains éléments doivent être pris en compte lors du choix d'un échange. Il s'agit notamment de :

Réputation et avis des utilisateurs précédents Faites toujours des recherches sur un échange avant de l'utiliser ; vérifiez ce que les autres utilisateurs disent à son sujet, et lisez les avis en ligne. La réputation est très importante lors du choix d'un échange car de nombreuses choses peuvent mal tourner lors d'une transaction en crypto-monnaies ; si vos fonds sont perdus ou volés, vous voudrez savoir que l'échange fera tout ce qu'il peut pour s'assurer que votre argent vous sera rendu. Assurez-vous donc toujours qu'il a une bonne réputation et, si possible, demandez à d'autres utilisateurs de vous faire part de leur expérience.

Facilité d'utilisation La deuxième chose à vérifier est la facilité d'utilisation de la bourse. Assurez-vous de choisir une bourse dont l'interface est facile à naviguer et à comprendre, et si possible une bourse qui permet aux utilisateurs d'acheter des crypto-monnaies avec leur carte de crédit ou leur compte bancaire.

Frais et charges pour l'achat de crypto-monnaies Un autre facteur important à prendre en compte lors du choix d'une bourse est celui des frais liés à l'achat de crypto-monnaies sur la plateforme. Vérifiez les frais qui vous seront facturés pour l'achat de crypto-monnaies, car selon votre méthode de paiement, ils peuvent varier considérablement ; vous ne voulez pas finir par payer beaucoup plus que la valeur de votre crypto-monnaie juste pour avoir utilisé une méthode de paiement. Faites attention aux échanges qui tentent de vous voler votre argent en vous facturant des frais cachés ou inattendus après l'achat de votre crypto-monnaie. Veillez toujours à lire tous les détails concernant le coût de l'achat de crypto-monnaies sur le marché d'échange.

Nombre de crypto-monnaies disponibles à l'achat Vous devez également regarder le nombre de crypto-monnaies disponibles à l'achat sur la bourse que vous choisissez. Vous voulez trouver un échange qui offre autant de crypto-monnaies différentes que possible, car cela vous donnera plus d'options et de choix lorsque vous décidez quelle(s) crypto-monnaie(s) vous voulez acheter.

Assistance à la clientèle Enfin, vous devriez examiner l'assistance à la clientèle offerte par la bourse de votre choix. Choisissez une bourse qui dispose d'un excellent support client, car vous ne savez jamais quand vous aurez une question ou un problème concernant votre transaction en crypto-monnaies ; vous voulez être sûr de pouvoir contacter quelqu'un en cas de problème ou de question.

Guide étape par étape pour acheter des crypto-monnaies Voici maintenant un guide étape par étape pour acheter des crypto-monnaies.

Étape 1 : Déterminer quelle crypto-monnaie vous voulez acheter.

Comme indiqué plus haut, il existe de nombreux types de crypto-monnaies, et vous devrez déterminer celles que vous souhaitez acheter. Certaines des crypto-monnaies les plus populaires sont le Bitcoin, l'Ethereum et le Litecoin.

Étape 2 : trouver un marché d'échange de crypto-monnaies qui vous permet d'acheter le type de crypto-monnaies que vous voulez Il existe aujourd'hui de nombreux marchés d'échange de crypto-monnaies, mais tous ne permettent pas aux utilisateurs d'acheter tous les types de crypto-monnaies. Par exemple, certains échanges ne permettent aux utilisateurs que d'échanger des bitcoins contre des devises fiduciaires (USD ou EUR), tandis que d'autres échanges ne permettent aux utilisateurs que d'échanger leurs cryptocurrences contre d'autres cryptocurrences. Assurez-vous que le marché d'échange que vous choisissez vous permet d'acheter le type de cryptocurrency que vous voulez en utilisant de la monnaie fiduciaire (c'est-à-dire USD ou EUR). S'il n'autorise pas les achats en monnaie fiduciaire, votre seule option est de changer de bourse, d'acheter la crypto-monnaie à un particulier ou de la miner vous-même. Les principaux marchés d'échange qui vous permettent d'acheter des crypto-monnaies en utilisant une monnaie fiduciaire sont Coinbase, Gemini et Kraken.

Étape 3 : Créez un compte sur le marché d'échange Cette étape est assez explicite : vous devrez créer un compte sur le marché d'échange que vous avez choisi à l'étape 2 pour pouvoir continuer. Pour créer votre compte, suivez simplement les instructions et assurez-vous que vous fournissez des informations détaillées et précises sur vous-même. Les bourses de crypto-monnaies exigent souvent une vérification d'identité, alors assurez-vous que vous êtes en mesure de fournir toutes les informations nécessaires avant d'aller de l'avant. Cela est particulièrement important si votre volume de transactions est faible ou si vous achetez des crypto-monnaies pour la première fois. Les bourses de crypto-monnaies ont des règlements stricts pour chacun de leurs utilisateurs, car elles ne veulent pas violer les lois ou les règlements concernant les devises numériques.

La plupart des bourses de crypto-monnaies ne permettent aux utilisateurs d'acheter des crypto-monnaies qu'en utilisant la monnaie fiduciaire (c'est-à-dire le dollar américain ou l'euro). Cela signifie que vous devrez d'abord déposer de la monnaie fiduciaire sur votre compte d'échange avant de pouvoir acheter de la crypto-monnaie.

Étape 5 : Achetez la crypto-monnaie que vous voulez Après avoir configuré votre compte d'échange et l'avoir approvisionné en devises, vous pouvez maintenant acheter la crypto-monnaie que vous voulez. La plupart des bourses disposent d'un simple bouton "Acheter" ou "Vendre" pour les crypto-monnaies, et fournissent un prix actuel pour chaque type de crypto-monnaie. En outre, la plupart des bourses afficheront un graphique de l'historique des prix de chaque type de crypto-monnaie afin que vous puissiez vous assurer que vous obtenez un prix équitable pour votre achat. Lorsque vous achetez des crypto-monnaies à partir d'un échange, il est important de se rappeler que des frais de transaction sont associés à chaque transaction sur un échange. Ces frais varient en fonction de la bourse utilisée, mais certaines bourses peuvent facturer aux utilisateurs jusqu'à 1 % de leurs transactions. Par conséquent, il est important de s'assurer que vous obtenez un prix équitable lorsque vous achetez des crypto-monnaies sur un marché d'échange.

Étape 6 : Transférez votre crypto-monnaie vers un portefeuille Après avoir acheté la crypto-monnaie que vous voulez, l'étape suivante consiste à la transférer vers un portefeuille sécurisé. La plupart des bourses permettent aux utilisateurs de transférer leurs crypto-monnaies depuis leurs portefeuilles d'échange après les avoir achetées, mais il est préférable d'attendre que vous ayez confirmé que votre transaction a été effectuée avant de le faire. En outre, assurez-vous que vous utilisez un portefeuille sécurisé qui vous permet de contrôler vos clés privées et ne retient pas vos fonds. Parmi les portefeuilles populaires, citons Jaxx et Exodus. Cependant, il est important de se rappeler qu'un portefeuille ne vaut que par ses caractéristiques de sécurité s'il détient les clés privées des cryptocurrences qui y sont stockées. Assurez-vous de faire des recherches sur chaque portefeuille avant de l'utiliser, car il existe des entreprises qui volent vos clés privées et les conservent pour elles-mêmes sans donner aux utilisateurs l'accès à leurs portefeuilles. C'est ce qu'on appelle un "hot wallet hack".

Étape 7 : Gardez votre crypto-monnaie dans un portefeuille sécurisé Une fois que vous avez acheté et transféré votre crypto-monnaie dans un portefeuille sécurisé, vous ne devez jamais la remettre dans un échange. Vous ne voulez pas être victime d'un autre "hot wallet hack" où les échanges volent votre crypto-monnaie à un échange. Ne déplacez votre crypto-monnaie hors d'un portefeuille sécurisé que si vous comptez l'utiliser pour acheter quelque chose ou si vous comptez l'échanger contre un autre type de crypto-monnaie sur un échange. Tant que votre crypto-monnaie reste dans un endroit sûr et privé, il n'y a rien d'autre à faire pour le moment.

Acheter des crypto-monnaies auprès d'un particulier (de personne à personne) Si vous ne trouvez pas de bourse qui vous permette d'acheter le type de crypto-monnaies que vous voulez, l'option suivante est d'acheter auprès d'un particulier (c'est-à-dire de personne à personne). Il existe de nombreuses façons d'échanger des crypto-monnaies, mais la méthode la plus populaire consiste à utiliser une place de marché. Une place de marché permet aux utilisateurs de créer des annonces pour le type de crypto-monnaie qu'ils souhaitent vendre, et les utilisateurs peuvent ensuite répondre à ces annonces et acheter la crypto-monnaie au vendeur.

La place de marché dont les annonces de personne à personne sont les plus populaires est LocalBitcoins. LocalBitcoins est un site Web où les utilisateurs peuvent publier leurs propres annonces de vente ou d'achat de crypto-monnaies, et il dispose d'une grande variété de crypto-monnaies différentes sur son site. Les utilisateurs peuvent également laisser des commentaires sur les annonces des autres afin d'aider les autres à décider s'ils doivent faire un achat avec cette personne ou non.

Le principal risque associé à l'achat de crypto-monnaies auprès d'un particulier est qu'aucune sécurité n'est intégrée à ces transactions. Vous remettez essentiellement vos pièces à l'individu sans récupérer votre argent si quelque chose devait mal tourner. Si vous comptez acheter des crypto-monnaies à un particulier, il est important de ne négocier qu'avec des personnes en qui vous avez confiance et qui ont de bonnes critiques sur LocalBitcoins.

Un autre risque potentiel est que les utilisateurs demandent un paiement dans une crypto-monnaie différente de celle qu'ils vendent. Certains individus demanderont un paiement en bitcoin alors qu'ils vendent du Litecoin, par exemple. Dans ce cas, vous devrez convertir votre Bitcoin en Litecoin avant d'acheter la crypto-monnaie souhaitée à l'individu.

Convertir votre monnaie fiduciaire en crypto-monnaie à partir d'un échange Maintenant que vous savez comment acheter des crypto-monnaies, vous vous demandez peut-être comment convertir votre monnaie fiduciaire en crypto-monnaie. Il existe plusieurs façons de le faire, mais le moyen le plus simple de convertir votre monnaie fiduciaire en crypto-monnaie est de passer par une bourse. La plupart des bourses n'autorisent que les échanges de crypto à crypto, mais certaines permettent les échanges de fiat à crypto.

Première étape :

Trouvez un marché d'échange qui prend en charge les transactions de fiat à crypto La plupart des marchés d'échange ne prennent en charge que les transactions de crypto à crypto ; cependant, il existe quelques marchés d'échange qui permettent aux utilisateurs d'échanger des fiats contre des crypto. Les bourses les plus populaires qui prennent en charge les transactions de fiat à crypto sont Coinbase et Gemini. Coinbase et Gemini prennent toutes deux en charge l'achat et la vente de crypto-monnaies en USD, EUR, GBP et CAD. En outre, elles proposent toutes deux une application mobile qui vous permet d'acheter des crypto-monnaies lorsque vous êtes en déplacement. Si vous recherchez une alternative à Coinbase ou Gemini, Coinmama permet aux utilisateurs d'acheter des crypto-monnaies en USD et en EUR également.

Étape 2 : Déposez de l'argent sur votre compte d'échange Après avoir ouvert un compte sur l'échange que vous avez choisi, il est temps de déposer de l'argent sur votre compte afin de pouvoir effectuer un achat. La plupart des bourses d'échange de crypto-monnaies permettent aux utilisateurs de déposer de l'argent par virement bancaire ; cependant, certaines ne permettent aux utilisateurs d'effectuer des dépôts que par virement bancaire ou par carte de crédit. Avant de déposer de l'argent sur votre compte dans une bourse, assurez-vous de lire ses règles et règlements pour vous assurer qu'ils autorisent ce que vous essayez de faire.

Étape 3 : Trouvez la paire de devises que vous voulez acheter Une fois que vous avez déposé de l'argent sur votre compte à la bourse, il est temps de trouver la paire de devises que vous voulez acheter (c'est-à-dire BTC/USD ou ETH/EUR). Si vous êtes nouveau dans le domaine des crypto-monnaies, il y a quelques choses que vous devez savoir sur l'achat de crypto-monnaies sur une bourse. Premièrement, utilisez toujours des ordres à cours limité lorsque vous achetez des crypto-monnaies sur des bourses, car ils vous permettront d'acheter des crypto-monnaies à un prix spécifique que vous spécifiez au lieu d'ordres d'achat qui achèteront uniquement des crypto-monnaies au prix actuel du marché. Deuxièmement, n'oubliez jamais que lorsque vous achetez des cryptocurrences sur un marché boursier, il est possible que des pirates informatiques volent vos informations ou qu'un marché boursier soit piraté et perde vos cryptocurrences ; il est donc important de ne pas conserver trop de vos actifs au même endroit.

Étape 4 : Achetez votre crypto-monnaie Une fois que vous avez trouvé la paire de devises que vous souhaitez acheter, vous pouvez acheter votre crypto-monnaie en entrant votre limite de prix, puis en sélectionnant le bouton "Acheter". Une fois que vous aurez cliqué sur ce bouton, votre crypto-monnaie sera placée dans un carnet d'ordres, puis traitée lorsque quelqu'un d'autre aura accepté votre ordre. Si vous n'avez pas l'habitude d'acheter des crypto-monnaies sur les bourses, il est important de savoir qu'elles facturent des frais pour chaque transaction ; toutefois, ces frais représentent généralement moins de 1 % de ce que vous payez pour la crypto-monnaie. Une chose à retenir concernant l'achat de crypto-monnaies sur les bourses est que la plupart d'entre elles ne permettent pas aux utilisateurs d'effectuer des achats à l'aide de cartes de crédit prépayées ou de cartes-cadeaux ; par conséquent, si c'est quelque chose qui vous intéresse, il est préférable d'utiliser une autre méthode.

Étape 5 : Retirez votre crypto-monnaie de votre compte d'échange Une fois votre commande passée et traitée, la crypto-monnaie apparaîtra dans votre compte sur l'échange. À ce stade, vous devez décider comment vous souhaitez retirer votre crypto-monnaie de la bourse. La plupart des bourses permettent aux utilisateurs de retirer leurs crypto-monnaies en utilisant une clé privée ou en saisissant une adresse qu'ils contrôlent. Si vous contrôlez l'adresse à laquelle vous envoyez votre crypto-monnaie, il est important de vous assurer que vous avez une sauvegarde de votre portefeuille afin que, si quelque chose arrive à votre ordinateur ou à votre téléphone, vous puissiez toujours accéder aux fonds de votre portefeuille. Il ne faut pas oublier que la plupart des bourses n'autorisent pas les utilisateurs à retirer des crypto-monnaies en échange de monnaie fiduciaire. Par conséquent, si vous essayez de renvoyer vos crypto-monnaies sur votre compte bancaire, il y a de fortes chances qu'elles soient refusées et retournées.

Convertir votre monnaie fiduciaire en crypto-monnaie via un distributeur automatique de crypto-monnaie Une autre façon de convertir votre monnaie fiduciaire en crypto-monnaie vous obligera à trouver un distributeur automatique de crypto-monnaie, puis à suivre les instructions de la machine.

Voici un guide étape par étape pour convertir votre monnaie fiduciaire en crypto-monnaie via un guichet automatique :

Étape 1 : Trouvez un distributeur automatique de crypto-monnaies dans votre région Les distributeurs automatiques de crypto-monnaies apparaissent partout dans le monde, et il y en a maintenant des milliers à la disposition des utilisateurs pour acheter des crypto-monnaies. Une simple recherche sur Google devrait vous permettre de trouver un distributeur automatique de crypto-monnaies près de chez vous. En outre, Coin-ATMradar est un excellent site Web qui vous permet de localiser les distributeurs automatiques de crypto-monnaies près de chez vous. Le site permet également aux utilisateurs d'évaluer les distributeurs automatiques de crypto-monnaies en fonction des caractéristiques et de la fiabilité de chacun d'entre eux. Notez qu'il existe aujourd'hui différents types de distributeurs automatiques de crypto-monnaies ; certains d'entre eux permettent uniquement aux utilisateurs d'acheter des crypto-monnaies à partir de leurs comptes en utilisant la monnaie fiduciaire (c'est-à-dire EUR, USD, GBP, etc.), tandis que d'autres permettent aux utilisateurs d'acheter et de vendre des crypto-monnaies.

Étape 2 : Chargez de l'argent dans votre distributeur automatique de crypto-monnaies Une fois que vous avez localisé un distributeur automatique de crypto-monnaies près de chez vous, activez la machine en insérant votre carte de débit ou de crédit et suivez les instructions à l'écran. Une fois qu'il est activé, vous pouvez choisir la quantité de monnaie fiduciaire que vous souhaitez échanger en crypto-monnaie. Saisissez la quantité d'argent que vous souhaitez convertir, insérez votre carte de débit ou de crédit dans la machine, puis sélectionnez le type de crypto-monnaie que vous souhaitez. Outre l'achat de crypto-monnaies avec de la monnaie fiduciaire, certains distributeurs automatiques de crypto-monnaies offrent une variété d'autres services ; par exemple, certaines machines permettent aux utilisateurs de vendre leurs monnaies numériques en échange d'espèces, tandis que d'autres permettent aux utilisateurs d'acheter des cartes-cadeaux de grands détaillants comme Starbucks et Home Depot.

Étape 3 : Retirez votre crypto-monnaie nouvellement achetée du distributeur automatique Lorsque votre transaction est terminée, le distributeur automatique de crypto-monnaies distribue votre crypto-monnaie nouvellement achetée dans une application comme Coinbase ou Mycelium, puis affiche un code QR sur un petit écran situé sur la machine. Vous pouvez alors prendre une photo du code QR avec votre appareil mobile, puis transférer votre crypto-monnaie nouvellement achetée vers un portefeuille numérique.

Dépenser vos crypto-monnaies Disons que vous avez décidé d'investir dans quelques crypto-monnaies, ou que vous avez des crypto-monnaies que vous avez minées. Vous êtes maintenant prêt à dépenser votre crypto-monnaie. Malheureusement, il n'y a pas beaucoup d'endroits qui acceptent les crypto-monnaies comme moyen de paiement. La principale raison en est que les systèmes de paiement impliquent généralement un intermédiaire, comme une banque ou une société de cartes de crédit. Les crypto-monnaies étant des transactions de pair à pair, il leur est difficile de s'intégrer dans le système de paiement actuel. La plupart des gens utilisent leur crypto-monnaie pour l'échanger contre des dollars ou une autre monnaie fiduciaire, puis utilisent ces dollars pour acheter ce dont ils ont besoin.

Il existe de nombreuses façons de dépenser les crypto-monnaies, mais la plupart de celles qui sont pertinentes pour ce livre sont liées à la réalisation d'achats et au transfert d'argent. La crypto-monnaie est en train de changer la façon dont les gens pensent à l'argent, ainsi que la façon dont ils le transfèrent. Non seulement les crypto-monnaies permettent des transactions plus sûres entre les parties, mais elles permettent également un transfert de fonds entre les parties sans avoir à passer par un tiers comme une banque ou un processeur de paiement.

Les crypto-monnaies peuvent également être utilisées pour effectuer des achats auprès des commerçants qui les acceptent. Bien que ce ne soit pas quelque chose que vous voyez au jour le jour, il y a des gens qui vivent entièrement des crypto-monnaies. Par exemple, certains commerçants n'acceptent les crypto-monnaies qu'en échange de leurs produits ou services ; les exemples les plus connus sont les sites de jeux en ligne.

Les crypto-monnaies jouent également un rôle important dans le monde de la philanthropie. Si vous avez déjà essayé de faire un don de charité, vous savez qu'il peut être difficile de trouver une organisation à but non lucratif qui accepte votre don. Cependant, avec les crypto-monnaies, il est devenu beaucoup plus facile pour les donateurs de faire des dons au profit des personnes dans le besoin. Par exemple, il existe des organisations comme United Way et Save the Children qui ont créé leurs propres crypto-monnaies afin que les gens puissent faire des dons directement à leur cause sans avoir à se soucier de payer des frais de transaction.

Achats en ligne Les crypto-monnaies sont de plus en plus populaires pour les achats en ligne ; de nombreux commerçants offrent des réductions si les clients sont prêts à utiliser des crypto-monnaies. Pour cette raison, vous pouvez trouver une grande variété de produits et de services qui peuvent être achetés en utilisant des cryptocurrencies.

Transferts d'argent En plus de faire des achats, les gens aiment utiliser les crypto-monnaies car elles leur permettent de transférer de l'argent électroniquement sans avoir à passer par une banque ou tout autre intermédiaire. Cela signifie que les transferts d'argent ne prennent que quelques secondes et qu'il n'y a aucun risque de perte de fonds au cours du processus. En plus d'être rapide et efficace, la crypto-monnaie offre également un niveau de confidentialité que vous n'obtenez pas avec les transferts bancaires et autres méthodes.

Dons caritatifs Nous avons déjà parlé de la façon dont les crypto-monnaies changent la philanthropie, mais les dons caritatifs sont l'une des applications les plus importantes car ils prennent l'argent directement des donateurs et permettent de l'utiliser là où il est le plus nécessaire. Par exemple, disons que vous souhaitez faire un don à United Way, mais que vous craignez que votre don ne soit pas utilisé de manière efficace. Avec les crypto-monnaies, vous pouvez faire un don directement à Centraide, qui utilisera votre argent là où il est le plus nécessaire.

Traitement des paiements Bien que la plupart des gens utilisent les crypto-monnaies pour effectuer des achats et des transferts, certaines personnes choisissent d'utiliser les crypto-monnaies pour traiter leurs propres paiements. Cela peut être un excellent moyen d'économiser de l'argent. Par exemple, disons que vous avez une entreprise de réparation d'ordinateurs et que vous êtes à la recherche d'un nouveau processeur de paiement ; vous pouvez simplement accepter les crypto-monnaies comme forme de paiement de vos clients. Cela vous permettra d'éliminer les frais associés au traitement des paiements et de faire des économies.

Transferts de fonds Les transferts de fonds sont une autre excellente façon d'utiliser les crypto-monnaies. Par exemple, si vous travaillez dans un pays étranger et que vous devez envoyer de l'argent à votre famille, vous pouvez utiliser les crypto-monnaies pour le faire. En effet, vous pouvez envoyer des crypto-monnaies directement depuis votre compte bancaire et il n'y a pas de frais associés à leur utilisation pour les transferts de fonds.

Investir Les crypto-monnaies constituent une opportunité d'investissement unique car elles permettent aux gens d'investir leur argent de manière sûre et sécurisée, tout en leur offrant la possibilité de réaliser des bénéfices. Bien que l'investissement dans les crypto-monnaies nécessite une certaine connaissance de leur fonctionnement, il s'agit d'une option bien plus intéressante que de nombreux autres investissements qui nécessitent plus d'argent au départ. Par exemple, si vous voulez investir dans l'immobilier ou les actions, vous devez mettre une grosse somme d'argent avant de pouvoir commencer à faire des bénéfices ;

Cependant, avec les crypto-monnaies, tout ce dont vous avez besoin est un investissement initial et ensuite le potentiel de profit est tout à vous.

Le prêt de pair à pair Le prêt de pair à pair est un moyen pour les gens de se prêter de l'argent en utilisant des crypto-monnaies ; c'est similaire au type de prêt que vous faites dans une banque mais au lieu de passer par une banque, vous vous connectez directement avec une autre personne. Il existe de nombreuses plateformes qui permettent le prêt entre pairs, mais la plus populaire s'appelle Lending Club.

Marchés du Darknet Les marchés du Darknet sont des places de marché en ligne qui existent sur le dark web ; ils sont très populaires car ils permettent aux gens d'acheter et de vendre des produits qui ne sont peut-être pas disponibles dans leur pays. Ces produits peuvent aller de la drogue aux armes à feu et de nombreux marchés darknet ont été créés spécifiquement à cet effet.

Les ICO et les IPO Les ICO (Initial Coin Offerings) sont utilisées par les startups pour financer leurs projets et constituent une excellente alternative au modèle traditionnel de capital-risque. Le processus d'une ICO est similaire à celui d'une IPO, sauf qu'il offre aux investisseurs la possibilité d'acheter des pièces de monnaie au lieu d'actions. Pour qu'une startup puisse lancer une ICO, elle doit rédiger un livre blanc décrivant son projet et sa vision. Elle doit également créer un site Web qui exposera les détails de son projet et lancer une campagne de marketing afin de le promouvoir. Une fois ces éléments terminés, elles seront prêtes pour leur offre de pièces de monnaie.

Pour réaliser une ICO, les startups créent un "contrat intelligent" qui est stocké sur la blockchain. Ce contrat fait ensuite office de portefeuille numérique qui stocke toutes les pièces émises au cours du processus d'ICO. Au cours de ce processus, les investisseurs envoient de l'argent en utilisant des "crypto-monnaies" telles que l'Ethereum et le Bitcoin en échange de nouveaux jetons ou pièces de la startup. Une fois l'ICO terminée, la startup libère son jeton ou sa pièce sur le marché.

D'autre part, les introductions en bourse (IPO) sont des opérations par lesquelles des entreprises lancent leurs actions afin de lever des fonds pour l'entreprise. Il s'agit d'un processus très réglementé qui est généralement réservé aux entreprises plus établies. La plupart des introductions en bourse ont lieu à la Bourse de New York ou au Nasdaq, et ce processus implique de passer par une société de courtage telle que Charles Schwab afin d'entamer le processus de vente des actions au public.

Si vous cherchez à investir dans une introduction en bourse, recherchez-en une qui a déjà été annoncée, car beaucoup d'entre elles ont déjà été évaluées et vendues avant d'être disponibles sur une bourse. Une fois qu'une action a fait l'objet d'une introduction en bourse, elle est cotée sur une bourse telle que le New York Stock Exchange ou le Nasdaq. Une IPO peut être un excellent moyen pour les personnes qui n'ont pas accès à des fonds de capital-risque d'investir dans des opportunités à forte croissance, tout en offrant aux investisseurs la possibilité d'acheter des actions à un prix réduit.

La principale différence entre une ICO et une IPO traditionnelle est qu'une ICO ne donne pas aux investisseurs la propriété de l'entreprise elle-même. C'est utile pour les jeunes entreprises, car cela leur permet de lever des fonds sans avoir à céder de participation dans leur entreprise. En outre, les entreprises qui ont déjà levé des fonds par le biais d'une ICO organisent parfois de futures ICO afin d'obtenir des fonds supplémentaires en cas de besoin.

Dans le cadre d'une ICO, les entreprises offrent des "jetons" au lieu d'actions de propriété par l'intermédiaire d'une bourse (et non d'une bourse de valeurs) et ces jetons peuvent être utilisés pour effectuer des transactions sur une future plateforme que l'entreprise construira après l'ICO. Ainsi, au lieu d'investir dans une action de propriété, vous investissez dans une utilité ; vous achetez l'accès à quelque chose qui aura de la valeur dans le futur. Cependant, cet accès ne s'accompagne d'aucun droit légal.

9

Stratégies éprouvées pour négocier des bitcoins

Indéniablement, le bitcoin est toujours le marché le plus chaud. Il est plus chaud que celui de l'or, des actions ou du pétrole. La croyance et la confiance des investisseurs dans la technologie blockchain du bitcoin contribuent largement à cette popularité. Si certains appréhendent le manque de réglementation qui régit cette crypto-monnaie, l'absence d'échange central incite les traders "audacieux" à lui faire davantage confiance.

Trader des bitcoins pour réaliser des profits est une technique universelle de trading de crypto-monnaies. Actuellement, il existe plus de 4 000 crypto-monnaies disponibles dans le monde entier si vous êtes adepte du trading. Cela offre des opportunités de trading illimitées pour réaliser d'énormes profits. Du point de vue des traders, c'est une perspective très excitante. Quant aux débutants comme vous, il est important d'apprendre les astuces dès que possible et de commencer votre voyage vers le trading de crypto-monnaies. Donc, avant d'acheter des bitcoins, ayez un plan et des stratégies solides, faites des analyses techniques et continuez à apprendre.

Pourquoi avez-vous besoin d'une stratégie de trading ?

Une stratégie de trading est un cadre ou un plan détaillé pour vous guider dans vos activités de trading. Elle permet d'atténuer les risques financiers potentiels en éliminant les décisions inutiles. Il est possible de perdre votre argent car, à la fin de la journée de négociation, le trading de bitcoins reste du trading. Il ne s'agit pas d'un système de Ponzi, mais d'un véritable trading utilisant une monnaie numérique.

Bien qu'il soit obligatoire d'avoir une stratégie de trading, celle-ci peut vous sauver la vie. Dans les cas où des événements inattendus se produisent sur le marché du trading, votre plan de trading peut vous aider à éviter de prendre des décisions impulsives qui pourraient entraîner de grosses pertes. En substance, il vous aide à réagir en vous basant sur la logique et les raisons, et non sur vos émotions. Une stratégie de trading peut vous aider à organiser les approches de trading dans un cadre cohérent et à les utiliser à votre avantage. Elle vous aide également à surveiller et à optimiser vos stratégies en permanence.

En quoi consiste une stratégie de trading efficace ?

La définition d'une stratégie de trading n'est pas nécessairement stricte et permet une combinaison de plusieurs stratégies ou une approche hybride. Vous pouvez personnaliser votre plan de trading et mettre en place des directives générales, même sur des détails mineurs. Mais techniquement, il doit inclure les éléments suivants :

- Le type d'actif que vous tradez - Les setups que vous prenez - Les outils et indicateurs que vous utilisez - Les facteurs qui déclenchent vos entrées et sorties - Les éléments qui dictent le dimensionnement de vos positions - Les façons dont vous documentez et mesurez la performance du portefeuille La personnalisation de votre stratégie vous aidera à maîtriser les astuces du trading du bitcoin. Vous pouvez définir certaines limites et certains horaires, par exemple :

- Vous ne traderez jamais lorsque vous êtes endormi ou fatigué - Vous ne traderez jamais le dimanche - Vous fermerez vos positions le vendredi - Vous ne traderez que certains jours de la semaine Stratégies de trading actives Les approches de trading actives impliquent une gestion fréquente du portefeuille et un suivi constant. Elles nécessitent d'investir plus de temps et d'attention. Voici les 4 types de stratégies de trading actif que vous pouvez envisager :

Day Trading Ce style consiste à s'engager dans de multiples transactions chaque jour de bourse pour profiter des mouvements de prix à court terme ou intraday. Les day traders passent beaucoup de temps à surveiller les mouvements, à ouvrir et à fermer des positions, et à conclure toutes leurs transactions à la fin de la journée.

Le concept de day trading provient des marchés traditionnels, où les transactions sont ouvertes à des périodes spécifiques de la journée. Les day traders ne restent pas en position lorsque la négociation est interrompue. Cette stratégie est idéale pour les traders avancés et les personnes qui souhaitent tirer parti de la volatilité quotidienne du prix du bitcoin et qui veulent des gains à court terme. Elle est très rentable mais peut être exigeante et stressante pour les débutants.

Trading de tendance Cette stratégie est souvent appelée trading de position car elle implique que les traders prennent une position qui correspond à la tendance actuelle. Par exemple, si la tendance est baissière (le marché suit une trajectoire descendante ou un marché baissier), prenez une position courte. Si le marché manifeste une tendance haussière (le marché ou l'instrument suit une trajectoire haussière), prenez une position longue. Et si vous observez que la tendance se ralentit ou s'inverse, choisissez de fermer votre position et d'en ouvrir une nouvelle pour suivre la tendance émergente du marché.

Le marché en tendance atteint constamment des points bas plus bas ou des points hauts plus élevés, ce qui rend cette stratégie viable. Elle utilise l'analyse technique pour faire une supposition éclairée ou prédire la direction du momentum et de la tendance du marché des crypto-monnaies en prenant note des moyennes mobiles dans le temps, de l'oscillateur stochastique et de l'indice de force relative (RSI). Les traders de tendance se tiennent toujours au courant des nouveaux événements et des nouvelles qui peuvent influencer le prix du bitcoin.

Il convient à différents horizons temporels, et vous avez donc la possibilité de maintenir votre position ouverte tant que la tendance se poursuit. Il peut s'agir de la conserver pendant quelques mois et d'essayer de tirer parti des tendances directionnelles. Vous pouvez prendre une position courte pendant les tendances baissières et une position longue pendant les tendances haussières. Cette approche fait supposer aux traders que l'actif connaîtra un renversement de tendance. Le trading de tendance est idéal pour les traders débutants qui font preuve de diligence raisonnable en intégrant des lignes de tendance, des moyennes mobiles, ainsi qu'en observant les indicateurs techniques afin d'atténuer les risques financiers et d'augmenter le taux de réussite.

Le trading de swing Les traders de swing essaient de profiter du "swing naturel" ou de la volatilité des cycles de prix du bitcoin. Ils observent le début d'un mouvement de prix spécifique, entrent dans la transaction et la maintiennent ouverte jusqu'à ce que le mouvement s'arrête ou qu'ils réalisent les profits souhaités. Ce style de négociation implique une vue d'ensemble, éliminant le besoin de surveiller constamment l'écran de l'ordinateur. Il s'agit d'une approche de négociation à long terme qui nécessite de conserver une position pendant plus d'un jour, mais pas plus de plusieurs semaines ou d'un mois.

À bien des égards, une stratégie de swing trading se situe entre les méthodes de trend trading et de day trading. Les Swing traders ont tendance à combiner des facteurs fondamentaux et techniques lorsqu'ils formulent des idées de trading. Le swing trading convient aux débutants parce qu'il se déroule sur une période plus longue, mais suffisamment courte pour pouvoir suivre les transactions. Cela leur permet de réfléchir à leurs choix et à leurs décisions. Avec une stratégie de swing trading, vous prenez vos décisions de manière plus rationnelle et moins précipitée.

Scalping Il s'agit d'une autre stratégie de day-trading qui est souvent décrite comme "ramasser des centimes devant un rouleau compresseur". Le scalping est axé sur le trading à très court terme. Il s'agit de tenter systématiquement de réaliser des profits substantiels sur de petites variations du prix des bitcoins. Il est basé sur le concept selon lequel tenter de gagner de petits profits de manière répétée apporte plus d'avantages et limite les risques. Les scalpeurs réalisent généralement une douzaine ou une centaine de transactions en une seule journée.

Le scalping est l'une des stratégies de trading les plus rapides. Il n'essaie pas de tirer profit des tendances à long terme ou des grands mouvements, mais exploite les petits mouvements de manière cohérente. Les scalpeurs ouvrent et ferment généralement leurs positions en quelques secondes. Il peut s'agir d'une stratégie utile pendant les périodes où l'inefficacité du marché se produit encore et encore, donnant de petits profits. Elle fonctionne bien avec les marchés cryptographiques à forte liquidité. Cependant, elle n'est pas recommandée aux débutants en raison de sa nature complexe. Le scalping est idéal pour les traders avancés et les grands traders qui ont une compréhension plus approfondie des mécanismes des marchés.

Autres stratégies populaires de trading de bitcoins La meilleure stratégie de trading de BTC que vous pouvez pratiquer est celle qui est parfaitement alignée avec votre capital disponible, votre tolérance au risque et vos objectifs individuels. Voici quelques-unes des stratégies de trading les plus efficaces :

HODLing HODL est le terme mal orthographié "hold" qui est très populaire dans les forums sur les crypto-monnaies. Il a été inventé en 2013 lors d'un forum de discussion sur le bitcoin et non un acronyme pour une stratégie de trading. Elle est utile pour les débutants qui ne sont pas encore sûrs de leurs compétences en matière de trading dans un marché baissier.

De nombreux traders la décriraient comme "s'accrocher à la vie", mais il s'agit en fait d'une stratégie bitcoin qui consiste à l'acheter et à la conserver. Cette stratégie de trading consiste à vendre votre position pour limiter les pertes ou prendre des bénéfices lorsque les marées du marché montrent des signes négatifs importants. Pour arrêter les pertes, vous pouvez fermer toutes vos positions et attendre le prochain mouvement de prix.

Couverture Ce style de trading vise à atténuer votre exposition au risque en prenant la position opposée à celle que vous avez ouverte. C'est une bonne option si vous avez l'impression que le marché évolue à l'encontre de votre position.

La prémisse de cette stratégie de trading est de "couvrir votre pari" en faisant ce qui suit :

- Couvrez votre pari en ouvrant une transaction qui atténue les risques.
- Couvrez votre pari avec des contrats à terme de bitcoins ou des contrats dans lesquels deux parties ont un accord pour échanger des pièces à une date future spécifique à un certain prix. Dans cet accord, vous échangerez le bitcoin, que le prix ait augmenté ou diminué, et vous gagnerez ou perdrez.
- Couvrez votre pari avec des CFD ou contrats de différence. Ce contrat financier permet aux traders ou aux investisseurs de tirer des bénéfices des mouvements de prix sans posséder d'actifs. Ainsi, lorsque le prix du bitcoin baisse, les bénéfices réalisés sur votre position courte couvrent ou compensent vos pertes.

- Vendez à découvert ou vendez vos bitcoins en espérant que le prix baissera bientôt pour que vous puissiez les racheter à moindre coût.

Le trading de rupture Cette stratégie de trading est presque similaire au trading de tendance. La seule différence est que vous achetez ou vendez vos bitcoins au début ou à la fin des tendances. Les "points de rupture" font référence aux niveaux cassés dans un mouvement ascendant ou descendant. Pendant ces périodes, le prix devient extrêmement volatile. Les ruptures sont essentielles car elles fixent de nouveaux points de départ pour une volatilité future qui augmente considérablement le prix du bitcoin.

L'astuce pour bien faire les choses consiste à anticiper correctement le prochain mouvement et à entrer sur le marché. Le trading de rupture repose sur le concept selon lequel la volatilité majeure commence lorsque le marché franchit les niveaux de résistance et de soutien. Pour ce faire, vous devez comprendre les niveaux de soutien (plancher) et de résistance (plafond). Ces deux éléments sont les points de prix qui empêchent le bitcoin de passer au-dessus ou en dessous.

Il existe plusieurs façons d'effectuer des ruptures de projet. Elles comprennent des indicateurs techniques comme le RSI et la moyenne mobile convergence divergence (MACD), ainsi que des signaux de confirmation comme le niveau de volume. Maîtriser comment créer des ordres d'achat ou de vente de bitcoins à des points de prix spécifiques vous aidera à faire de bonnes affaires.

Moyenne des coûts en dollars Cette stratégie consiste à faire la moyenne des achats de bitcoins à certains intervalles (généralement des mois) pendant que le prix monte et descend. Par exemple, vous disposez d'un capital de 3 000 dollars pour acheter des bitcoins. Au lieu d'utiliser ce montant pour acheter une quantité correspondante de pièces, vous dépensez 500 $ chaque mois pendant les 6 mois suivants.

Mois 1 - Le prix du bitcoin est de 9k. Vous achetez pour 500 $.
Mois 2 - Le prix du bitcoin est de 8 000. Vous achetez pour 500 $.
Mois 3 - Le prix du bitcoin est de 7 000. Vous achetez pour 500 $.
Mois 4 - Le prix du bitcoin est de 7,5 000. Vous achetez pour 500 $.
Mois 5 - Le prix du bitcoin est de 10 000. Vous achetez pour 500 $.
Mois 6 - Le prix du bitcoin est de 8 000. Vous achetez pour 500 $.

Au cours de 49 500 $, votre dépense totale est de 3 000 $. Vous avez pu acheter des bitcoins à un coût moindre que si vous aviez dépensé une somme forfaitaire au cours du premier mois. Dans cette stratégie, vous devez vérifier constamment les graphiques pour une analyse technique appropriée. Ainsi, vous avez toutes les chances d'acheter des pièces qui rebondiront sur leurs pics ou leurs lignes de résistance précédents. L'histoire du bitcoin montre sa capacité à rebondir fortement après une crise majeure.

À retenir La bonne et solide stratégie est la clé d'un trading réussi. Elle devrait vous permettre d'obtenir davantage de positions gagnantes et vous aider à survivre à la concurrence intense. En tant que débutant, évitez d'adopter une stratégie basée sur le cross-betting, car elle serait trop confuse pour vous. Un style de trading systématique est votre meilleur atout à ce stade pour vous aider à atteindre vos objectifs d'investissement et de trading avec moins d'erreurs.

Voici un conseil des traders qui réussissent : La meilleure stratégie de trading en bitcoin est une approche de 85% d'action de prix et de 15% de stratégie de trading cryptographique qui utilise un indicateur. Cet indicateur est le On Balance Volume (OBV), principalement utile pour le day trading. Il utilise une combinaison de l'activité des prix et des volumes pour analyser le flux total entrant et sortant d'un instrument. Fondamentalement, il vous indiquera le montant total des fonds entrant et sortant du marché cryptographique.

10

Portefeuilles de crypto-monnaies

Lorsque vous décidez d'investir dans une crypto-monnaie, vous avez besoin d'un portefeuille. Votre portefeuille est l'endroit où vous stockez votre monnaie. Les portefeuilles de crypto-monnaies sont très similaires aux portefeuilles électroniques traditionnels, mais au lieu de stocker de l'argent, ils stockent des crypto-monnaies.

Étant donné qu'ils sont en ligne, les portefeuilles de crypto-monnaies fonctionnent un peu différemment de vos comptes ou portefeuilles bancaires traditionnels. Pour commencer, ils ne contiennent pas réellement votre argent - ils sont simplement un endroit où vous stockez vos pièces. Lorsque vous achetez quelque chose en utilisant une crypto-monnaie, comme le bitcoin par exemple, la transaction a lieu sur la blockchain, ce qui signifie qu'elle est enregistrée sur le grand livre de la blockchain. La transaction doit ensuite être vérifiée par le réseau de la blockchain avant de pouvoir être réalisée. Ce processus de vérification se déroule généralement en quelques minutes ou quelques heures, mais il peut prendre plusieurs jours en fonction de l'activité du réseau. Une fois la transaction vérifiée, les fonds sont transférés au marchand ou à la personne qui a effectué l'achat.

La définition du portefeuille de crypto-monnaies Les portefeuilles de crypto-monnaies sont utilisés pour stocker, envoyer et recevoir des devises numériques. La plupart de ces portefeuilles sont des dispositifs électroniques qui stockent des données numériques. À cet égard, les portefeuilles de crypto-monnaies ont de nombreux points communs avec les services de portefeuilles électroniques standard proposés par les banques ou d'autres institutions financières. La principale différence entre un portefeuille de crypto-monnaies et un portefeuille traditionnel est que le portefeuille de crypto-monnaies existe entièrement en ligne.

Un portefeuille de crypto-monnaies se compose de deux clés : la clé publique et la clé privée. La clé publique est similaire à un numéro de compte dans une banque ; elle peut être présentée à d'autres personnes ou services pour envoyer de l'argent, mais elle ne doit jamais être utilisée pour recevoir des fonds. La clé privée, quant à elle, est un code secret qui vous permet de recevoir de l'argent envoyé depuis l'adresse publique de quelqu'un d'autre - comme un numéro de compte dans une banque. Cependant, contrairement aux numéros de compte bancaire, les clés privées doivent toujours être gardées secrètes.

Votre portefeuille de crypto-monnaies contient également des informations sur la ou les crypto-monnaies que vous possédez. Ces informations comprennent généralement le montant des devises que vous possédez ainsi que l'historique des transactions pour chaque devise. Parfois, elles peuvent également inclure d'autres informations personnelles telles que votre nom et votre adresse électronique.

Les différents types de portefeuilles de crypto-monnaies Il existe actuellement trois principaux types de portefeuilles de crypto-monnaies : les portefeuilles logiciels, les portefeuilles Web et les portefeuilles matériels. Chaque type de portefeuille de crypto-monnaies a ses propres avantages et inconvénients, mais ces trois options sont des méthodes valables pour stocker vos crypto-monnaies.

Portefeuilles logiciels Les portefeuilles logiciels sont essentiellement des programmes que vous pouvez télécharger sur votre ordinateur et utiliser pour stocker votre crypto-monnaie. Certains portefeuilles logiciels vous permettent également d'effectuer des transactions, mais la plupart de ces portefeuilles sont simplement utilisés pour stocker vos pièces. Certains programmes de portefeuilles logiciels peuvent être téléchargés gratuitement, tandis que d'autres vous coûteront une petite somme - généralement entre 10 et 15 USD. Jaxx et Exodus sont des exemples de portefeuilles logiciels gratuits. D'autres exemples de portefeuilles logiciels sont Coinbase et MyEtherWallet (MEW). MyEtherWallet est un portefeuille très populaire parmi les utilisateurs d'Ethereum, mais il peut être utilisé pour stocker n'importe quelle cryptocurrency qui fonctionne sur la blockchain Ethereum.

Portefeuilles Web Les portefeuilles Web sont des services en ligne qui vous permettent de créer un compte et de les utiliser comme solution de stockage pour vos crypto-monnaies. Ils fonctionnent à peu près de la même manière que les portefeuilles logiciels ; ils vous permettent d'accéder à vos pièces depuis n'importe quel appareil doté d'une connexion Internet. Les portefeuilles web ont souvent un échange intégré qui vous permet de convertir votre crypto-monnaie en d'autres formes de monnaie. Blockchain et Coinbase sont des exemples de portefeuilles Web.

Les portefeuilles matériels Les portefeuilles matériels sont des dispositifs physiques que vous pouvez brancher sur votre ordinateur afin de stocker votre crypto-monnaie. La plupart des portefeuilles matériels vous permettront d'effectuer des transactions, mais la plupart de ces dispositifs sont principalement utilisés à des fins de stockage. Les portefeuilles matériels présentent également d'autres avantages. Comme il s'agit d'un dispositif physique, ils peuvent être stockés dans des endroits plus sûrs qu'un logiciel ou un portefeuille Web. Par exemple, de nombreuses personnes choisissent de stocker leur portefeuille matériel dans un coffre-fort ou un dépôt de sécurité de leur banque. Les portefeuilles matériels comprennent le Trezor et le Ledger Nano S. Stockage à froid et stockage à chaud Outre les trois principaux types de portefeuilles de crypto-monnaies, il existe également une distinction entre le stockage à froid et le stockage à chaud. Le stockage à froid fait référence aux portefeuilles de crypto-monnaies qui ne sont pas connectés à Internet. Ces types de portefeuilles de crypto-monnaies sont souvent des dispositifs physiques ou des morceaux de papier, et ils sont utilisés pour stocker de grandes quantités de monnaie numérique. Le stockage à chaud fait référence aux portefeuilles de crypto-monnaies qui sont connectés à Internet et qui peuvent donc être utilisés à tout moment. Ces types de portefeuilles de crypto-monnaies sont généralement des portefeuilles logiciels ou des portefeuilles Web, et ils sont stockés sur un disque dur d'ordinateur, une clé USB ou un autre appareil électronique.

Les avantages et les risques du stockage à froid Le stockage à froid est un bon choix pour les personnes qui prévoient de stocker de grandes quantités de crypto-monnaies pendant de longues périodes. Le stockage à froid est également une bonne idée si vous envisagez de stocker des crypto-monnaies dans un endroit où elles risquent d'être volées ou perdues, par exemple en cas de catastrophe naturelle ou d'incendie. Malheureusement, le stockage à froid présente quelques inconvénients ; les portefeuilles chauds sont beaucoup plus pratiques car ils sont accessibles à tout moment. Vous devez également vous préoccuper des dommages physiques subis par les appareils utilisés pour le stockage à froid, ce qui signifie qu'ils devront être réparés ou remplacés occasionnellement.

Le plus grand risque est que les dispositifs de stockage à froid sont difficiles à utiliser. Les dispositifs de stockage à froid ne sont pas connectés à Internet, ce qui signifie que vous devrez utiliser un outil comme un câble USB pour les connecter à Internet et envoyer ou recevoir des fonds. À moins que vous n'ayez de l'expérience dans l'utilisation du stockage à froid de crypto-monnaies, il sera difficile de savoir ce que vous faites.

Les avantages et les risques du stockage à chaud Le stockage à chaud est souvent plus rapide et plus pratique que le stockage à froid, car vous pouvez accéder à votre portefeuille quand vous le souhaitez. Cependant, si l'ordinateur contenant votre portefeuille à chaud est piraté ou endommagé, toutes les crypto-monnaies stockées peuvent être volées instantanément. De plus, il est toujours possible que votre ordinateur tombe complètement en panne et que vous ne puissiez plus accéder à l'argent stocké dans votre hot wallet, même si vous avez une sauvegarde.

Comment choisir un portefeuille de crypto-monnaies Lorsqu'il s'agit de choisir un portefeuille de crypto-monnaies, vous devez garder à l'esprit certaines choses. Avant de choisir un portefeuille de crypto-monnaies, vous devez savoir ce que vous comptez faire avec vos pièces. Si vous prévoyez d'utiliser votre monnaie numérique pour effectuer des achats quotidiens, comme acheter une tasse de café dans un restaurant local ou des produits d'épicerie au supermarché, vous devez utiliser un portefeuille de crypto-monnaies Web ou logiciel.

Si vous prévoyez d'utiliser votre monnaie numérique pour effectuer des achats importants, comme l'achat d'une nouvelle voiture ou d'une maison, vous devriez envisager d'utiliser un portefeuille de crypto-monnaies matériel. Ces portefeuilles de crypto-monnaies sont souvent appelés portefeuilles de stockage à froid car ils ne sont pas connectés à Internet.

Pour comprendre quel type de portefeuille de crypto-monnaies vous convient le mieux, les conseils suivants peuvent vous être utiles :

Considérez la taille de la transaction Si vous prévoyez d'utiliser votre monnaie numérique pour effectuer un achat important, alors vous devriez envisager d'utiliser un portefeuille de crypto-monnaies matériel. Ces portefeuilles de stockage à froid ne sont pas connectés à Internet et ne peuvent pas être piratés. Si vous prévoyez d'effectuer de petits achats avec votre monnaie numérique, vous pouvez utiliser l'un des deux autres types de portefeuilles de crypto-monnaies, à savoir un portefeuille Web ou logiciel.

Tenez compte du niveau de sécurité Les portefeuilles de crypto-monnaies Web et logiciels sont souvent moins sûrs que les portefeuilles matériels. En effet, ils sont connectés à l'Internet, ce qui les rend plus vulnérables aux tentatives de piratage. Si vous souhaitez une plus grande sécurité pour votre monnaie numérique, vous devriez envisager d'utiliser un portefeuille de crypto-monnaie matériel plutôt que l'une des deux autres options.

Considérez les moyens d'accéder à votre monnaie numérique Si vous prévoyez d'utiliser votre monnaie numérique pour des achats quotidiens, il est préférable d'utiliser un portefeuille de crypto-monnaie en ligne ou logiciel. Ces types de portefeuilles permettent d'accéder facilement à votre monnaie numérique et sont faciles à utiliser. Si vous prévoyez d'effectuer des achats plus importants avec votre monnaie numérique, il est préférable d'utiliser un portefeuille matériel. Bien que ces portefeuilles soient légèrement plus difficiles à utiliser, ils sont beaucoup plus sûrs que les portefeuilles en ligne ou logiciels.

Comment importer vos clés privées dans un portefeuille Si vous avez déjà un portefeuille de crypto-monnaies, vous pouvez importer vos clés dans ce portefeuille. L'importation de vos clés vous permet d'accéder à vos pièces sans avoir à retélécharger l'ensemble de la blockchain. Cela vous donne également une sauvegarde de votre clé privée si quelque chose arrive à votre ordinateur ou au logiciel du portefeuille.

Si vous envisagez d'importer vos clés dans un autre portefeuille, vous devez toujours sauvegarder votre portefeuille avant de le faire. De cette façon, si quelque chose ne va pas, vous pourrez facilement récupérer vos fonds.

Voici un guide simplifié, étape par étape, pour importer vos clés privées dans un portefeuille :

Étape 1 : Trouvez votre/vos clé(s) privée(s) Afin d'importer votre clé privée, vous devez l'avoir sous la main. Si vous avez stocké votre clé privée ailleurs, vous devrez peut-être d'abord la transférer sur votre ordinateur.

Étape 2 : Sélectionnez le logiciel du portefeuille Si vous utilisez un portefeuille avec une interface de bureau, vous devrez installer le logiciel sur votre ordinateur. Si vous utilisez un porte-monnaie avec une interface Web, vous devrez accéder au porte-monnaie à partir de votre navigateur.

Étape 3 : Ouvrez votre porte-monnaie Ouvrez votre porte-monnaie et cliquez sur "Aide". De là, cliquez sur "Debug Window".

Étape 4 : Accédez à l'onglet Console et exécutez les commandes Maintenant que vous avez ouvert l'onglet Console, sélectionnez "Console" dans le menu déroulant. Ici, entrez ces commandes dans l'ordre : getaccountaddress pw ; getnewaddress pw ; dumpprivkey pw (où pw est votre clé privée). Cela devrait afficher votre clé privée dans la fenêtre de la console. Copiez-la et collez-la dans le Bloc-notes ou quelque chose de similaire afin de pouvoir y accéder facilement par la suite. Vous pouvez également exporter la clé privée dans un fichier en cliquant sur "Fichier", puis "Exporter" et en sélectionnant le type de fichier.

Étape 5 :

Créer une nouvelle adresse Une fois que vous avez vos clés privées, vous pouvez maintenant créer une nouvelle adresse. C'est une étape supplémentaire que beaucoup de gens sautent, mais elle est importante. La création d'une nouvelle adresse vous permettra de sécuriser vos transactions au cas où quelqu'un aurait accès à votre/vos clé(s) privée(s).

Étape 6 : Importez la clé privée dans votre portefeuille (méthode de base) Une fois que vous avez votre nouvelle adresse, vous pouvez maintenant importer vos clés privées. Si vous utilisez un portefeuille qui prend en charge l'importation de clés, ce processus ne devrait prendre que quelques secondes. Voici comment cela fonctionne :

Connectez-vous ou inscrivez-vous sur le site Web de votre fournisseur de portefeuille Sélectionnez "Outils" > "Importer" (pour la plupart des logiciels) Collez votre clé privée dans la case et cliquez sur "Importer la clé privée" Étape 7 : Importez la clé privée dans votre portefeuille (méthode avancée) Si vous utilisez un portefeuille plus ancien ou si votre portefeuille ne prend pas en charge l'importation de clés, vous devrez utiliser une méthode avancée pour importer vos clés privées. Mais ne vous inquiétez pas, c'est en fait assez simple. Voici les étapes à suivre :

Téléchargez le code source de votre portefeuille et compilez-le Ouvrez votre fenêtre de terminal Exécutez le fichier du portefeuille avec la commande suivante (en remplaçant "wif" par votre clé privée) : ./path/to/wallet wallet.dat --import-wif <wif> Étape 8 : Vérifiez votre solde Maintenant que vous avez importé vos clés, vous devez vérifier votre solde pour vous assurer que tout s'est déroulé comme prévu. Vous pouvez le faire en vous connectant à votre portefeuille ou en exécutant la commande suivante (en remplaçant " path/to/wallet " par le chemin d'accès à votre portefeuille) : ./path/to/wallet --list-addresses Étape 9 : Supprimez la ou les clés privées de votre ordinateur et retéléchargez la blockchain Une fois que vous avez confirmé que toutes vos pièces sont disponibles à votre nouvelle adresse, vous devez supprimer toutes les clés privées de votre ordinateur. Pour ce faire, il suffit de les supprimer du Bloc-notes ou de tout autre endroit où vous les avez stockées. Ensuite, téléchargez à nouveau la blockchain et recommencez à utiliser votre portefeuille.

Que se passe-t-il si vous perdez votre portefeuille ? Si vous perdez votre portefeuille ou s'il est volé, vous ne pourrez plus accéder aux fonds qui y étaient stockés. Si cela se produit, vous pouvez essayer de récupérer vos fonds en suivant certaines procédures, mais celles-ci ne sont pas toujours couronnées de succès. La procédure dépend du porte-monnaie que vous avez utilisé et de son type.

Nous vous recommandons de toujours sécuriser vos portefeuilles numériques avec des mots de passe forts et une authentification à deux facteurs. En outre, vous devez sauvegarder régulièrement votre portefeuille et vous assurer qu'il est stocké dans un endroit sûr.

Voici ce que vous pouvez essayer de faire pour récupérer vos fonds perdus dans votre portefeuille :

Étape 1 : Vérifiez votre sauvegarde Si vous avez une sauvegarde de votre portefeuille, alors vous pouvez récupérer vos fonds en suivant les procédures définies par le portefeuille. La première chose à faire est de vérifier votre sauvegarde pour vous assurer qu'elle est valide et que vous avez accès aux clés privées qui lui sont associées. Si vous n'avez pas de sauvegarde, vous devrez alors envisager d'autres options.

Étape 2 : Contactez l'assistance Si vous avez une sauvegarde valide et que vous voulez récupérer vos fonds, contactez l'équipe d'assistance du portefeuille et racontez-leur ce qui s'est passé. S'ils sont en mesure de trouver où vos fonds ont été envoyés de leur côté, ils peuvent vous les renvoyer. Cependant, il se peut qu'ils ne puissent pas le faire s'ils n'ont aucune idée de l'endroit où vos fonds sont allés après avoir été transférés depuis leur plateforme. De plus, il est toujours possible que l'utilisateur qui a volé vos fonds ne se fasse pas prendre ou ne les rende jamais (dans ce cas, il n'y a rien à faire).

Étape 3 : Contactez les bourses Si votre portefeuille était connecté à une bourse, vous pouvez essayer de récupérer vos fonds directement auprès de la bourse. Cependant, s'il n'était connecté à aucune bourse, il se peut que vous ne puissiez pas récupérer vos fonds car ils peuvent être stockés dans un portefeuille qui n'est associé à aucune bourse. Dans ce cas, vous devrez trouver l'utilisateur qui a volé votre argent et le forcer à vous le rendre. Toutefois, s'il a déjà tout dépensé, vous ne pourrez rien faire.

Étape 4 : Contactez le(s) mineur(s) Si votre portefeuille était connecté à un pool minier ou à un mineur solo (en d'autres termes, si vous extrayez des crypto-monnaies), vous pouvez essayer de contacter leur équipe d'assistance et leur demander de vous aider à récupérer vos fonds. Ils seront généralement en mesure de vous dire quelle adresse est utilisée par votre portefeuille et à partir de là (s'ils sont honnêtes), ils devraient être en mesure de vous dire où sont allés vos fonds. S'ils ne sont pas en mesure de vous aider, il est probable qu'ils aient déjà transféré vos fonds vers un autre portefeuille (dans ce cas, vous devrez contacter le propriétaire de ce portefeuille).

Étape 5 : Attendez et voyez si vos fonds vous sont rendus Parfois, les personnes qui ont volé des fonds peuvent les rendre. Toutefois, cela n'est pas garanti et le voleur peut mettre très longtemps à le faire. En outre, il est toujours possible qu'ils ne vous rendent jamais votre argent (surtout s'ils l'ont déjà entièrement dépensé).

Étape 6 : Envisagez d'utiliser un programme de primes Si vous ne parvenez pas à récupérer vos fonds d'une autre manière, vous pouvez envisager de publier un programme de primes sur des sites Web comme CryptoCoinTalk. Cela signifie que vous allez poster des informations sur vos fonds perdus et demander de l'aide pour les récupérer. Vous pouvez offrir une récompense d'un certain montant d'argent à toute personne capable de récupérer vos fonds.

11

Bourses de crypto-monnaies

Dans le chapitre précédent, nous avons discuté de la façon dont vous pouvez acheter des crypto-monnaies à partir d'un échange et de certains des échanges les plus populaires sur le marché aujourd'hui. Dans ce chapitre, nous allons discuter davantage des échanges de crypto-monnaies.

Les bourses de crypto-monnaies sont des sites Web qui vous permettent d'acheter, de vendre ou d'échanger des crypto-monnaies contre d'autres actifs, tels que des devises fiduciaires traditionnelles ou différentes crypto-monnaies.

Ce chapitre donnera un aperçu des bourses de crypto-monnaies et expliquera comment vous pouvez les utiliser pour commencer à acheter et à vendre des pièces. Nous examinerons également les avantages et les inconvénients de l'utilisation d'un échange, ainsi que les différents types d'échanges disponibles.

La définition d'une bourse de crypto-monnaies Comme mentionné ci-dessus, une bourse de crypto-monnaies est un site Web qui vous permet d'acheter, de vendre ou d'échanger des crypto-monnaies contre d'autres actifs, tels que des devises fiduciaires traditionnelles, ou différentes crypto-monnaies.

En général, les bourses de crypto-monnaies sont classées comme des places de marché (où les acheteurs et les vendeurs peuvent négocier le prix d'une crypto-monnaie) ou des plateformes de négociation directe (où les utilisateurs peuvent passer un ordre à un prix donné). Il existe également des échanges de crypto-monnaies uniquement qui vous permettent d'échanger des crypto-monnaies contre d'autres crypto-monnaies.

Pour utiliser une bourse de crypto-monnaies, vous devrez d'abord vous inscrire en saisissant vos données personnelles et en vérifiant votre identité. Vous devrez ensuite vérifier votre statut de négociant, si nécessaire.

Une fois que vous serez inscrit et vérifié, vous pourrez déposer des fonds sur votre compte par virement bancaire ou par carte de débit. Les bourses acceptent les dépôts en monnaies fiduciaires telles que l'USD, la GBP, l'EUR et le HKD (ainsi que les crypto-monnaies), qui sont conservés sur un compte bancaire jusqu'à ce que vous fassiez une demande de retrait.

Vous pouvez alors utiliser les fonds déposés pour acheter des bitcoins ou d'autres crypto-monnaies. Vous pouvez également utiliser votre solde pour échanger une crypto-monnaie contre une autre via la plateforme de négociation de l'échange. Le prix d'une crypto-monnaie est déterminé par l'offre et la demande, de sorte que le prix fluctue en fonction du nombre de personnes qui veulent acheter ou vendre à un moment donné.

Après avoir effectué une transaction, vous devez confirmer vos coordonnées afin que votre paiement soit envoyé ou vendu. La confirmation d'une transaction peut prendre plusieurs heures, en fonction du trafic du réseau, et le nombre de confirmations nécessaires dépend du type de crypto-monnaie que vous utilisez.

Si vous le souhaitez, vous pouvez passer un ordre à cours limité à un prix inférieur au cours actuel du marché et fixer une limite quant au montant que vous êtes prêt à payer pour vos pièces. Si quelqu'un passe un ordre qui correspond à votre limite ou la dépasse, votre ordre sera automatiquement assorti et exécuté.

Inversement, si vous souhaitez acheter des pièces à un prix plus élevé que le cours actuel du marché, vous pouvez passer un "ordre de marché" qui sera exécuté au prix actuellement disponible. Une fois l'ordre exécuté, vous pouvez le transférer dans votre "portefeuille".

Les avantages des bourses de crypto-monnaies Les bourses sont un moyen très pratique d'acheter et de vendre des crypto-monnaies, et une fois que vous comprenez leur fonctionnement, elles peuvent également être un moyen efficace de gagner de l'argent sur le long terme.

1. Commodité Le plus grand avantage de l'utilisation d'un échange est la commodité. Les bourses ont rendu très facile l'achat et la vente de crypto-monnaies, et vous n'avez besoin d'aucune connaissance ou expérience particulière pour vous lancer.

Vous aurez besoin d'un portefeuille de crypto-monnaies pour stocker vos pièces, mais vous n'avez pas à vous soucier d'un logiciel ou d'un matériel compliqué. Tout ce dont vous avez besoin est une connexion Internet et quelques minutes de votre temps, et vous pouvez commencer à acheter et à vendre des pièces immédiatement.

2. Liquidité Un autre avantage de l'utilisation d'une bourse est qu'elle a tendance à être très liquide. Cela signifie qu'il y a généralement beaucoup d'acheteurs et de vendeurs disponibles sur la plate-forme à tout moment, de sorte que vous pouvez facilement trouver quelqu'un qui veut acheter ou vendre la pièce que vous voulez. De nombreuses personnes utilisent cette liquidité pour augmenter leurs profits à long terme en achetant à bas prix et en vendant à prix élevé sur les bourses.

3. Accessibilité Les bourses sont également très faciles d'accès. Vous n'avez pas besoin d'une autorisation spéciale du gouvernement pour commencer à les utiliser, et vous pouvez commencer à négocier presque immédiatement après avoir ouvert un compte. Il est également relativement facile pour les nouveaux utilisateurs qui ont un compte dans une banque ou chez un fournisseur de services de paiement comme PayPal ou Skrill de déposer leurs fonds sur leur compte.

4. Frais réduits Les bourses ont également des frais parmi les plus bas du secteur, ce qui signifie que vous serez en mesure de réaliser un bénéfice même si vous payez une commission sur vos transactions. La plupart des bourses facturent entre 0,25 % et 0,5 % de frais de commission à chaque fois que vous effectuez une transaction, mais ces frais restent bien inférieurs à ceux facturés par la plupart des plateformes d'investissement et des courtiers.

5. Sécurité Les bourses ont généralement mis en place des mesures de sécurité très strictes, ce qui signifie que vos pièces seront en sécurité lorsqu'elles seront stockées sur la plateforme. Cependant, il est important de stocker vos pièces dans un portefeuille sécurisé qui n'est pas connecté à une bourse centralisée. Vous devez également vous assurer que vous ne partagez pas vos clés privées avec qui que ce soit.

6. Possibilité d'acheter des altcoins Les bourses ont rendu très facile pour les gens de commencer à acheter des altcoins. En fait, la plupart des bourses qui vous permettent d'acheter des bitcoins vous permettent automatiquement d'acheter d'autres altcoins. Tout ce que vous avez à faire est de vous inscrire à un compte et de déposer quelques pièces sur votre compte de négociation, et vous pourrez commencer à négocier instantanément.

7. Vitesse de transaction La plupart des bourses ont des vitesses de transaction très rapides. Dans la plupart des cas, vous pouvez commencer une transaction et la terminer en moins d'une minute. Ce n'est pas toujours le cas, et il peut falloir plus de temps pour que certaines pièces soient transférées de votre portefeuille à votre compte de trading. Cependant, ce processus est toujours beaucoup plus rapide que d'effectuer un virement bancaire ou d'envoyer un virement bancaire par le biais d'un fournisseur de paiement en ligne comme PayPal ou Skrill.

8. Large sélection de pièces et de paires de trading Les bourses sont de loin le meilleur endroit pour trouver une large sélection de pièces et de paires de trading. En effet, la plupart des bourses répertorient toutes les pièces disponibles sur le marché aujourd'hui, et en ajoutent régulièrement de nouvelles.

Les inconvénients des échanges de crypto-monnaies Malgré tous les avantages que les échanges ont à offrir, ils sont encore loin d'être parfaits. Dans cette section, nous allons examiner certains des plus grands inconvénients de l'utilisation d'un échange ainsi que la façon dont vous pouvez les éviter.

1. Frais de bourse L'un des inconvénients évidents de l'utilisation d'une bourse est qu'elles facturent toutes des frais pour leurs services. Les frais de commission des bourses se situent généralement entre 0,25 % et 0,5 %, mais ils peuvent tout de même réduire considérablement vos bénéfices à long terme si vous ne faites pas attention.

En outre, vous devrez également payer des frais sur chaque transaction que vous effectuez, et ces frais peuvent varier d'une bourse à l'autre. Certaines bourses facturent également des frais fixes pour chaque transaction, qui peuvent atteindre 20 USD et peuvent sérieusement grever vos bénéfices.

2. Risques de sécurité Un autre inconvénient majeur de l'utilisation d'une bourse est qu'elle n'est pas aussi sûre que d'autres services comme les courtiers et les plateformes d'investissement. Même si de nombreuses bourses ont des mesures de sécurité très strictes, cela ne signifie pas qu'elles sont parfaitement sûres. Les pièces que vous achetez sur une bourse sont stockées dans des "portefeuilles chauds" au lieu d'être stockées à froid, ce qui signifie qu'elles sont plus vulnérables aux pirates et à d'autres types de menaces de sécurité que les pièces stockées à froid.

Afin de vous protéger pleinement des risques de sécurité, vous devrez transférer vos pièces de leurs portefeuilles chauds vers un portefeuille sécurisé qui n'est pas connecté à la bourse elle-même. Vous devez également utiliser un portefeuille hors ligne comme un portefeuille matériel ou un portefeuille papier plutôt qu'un portefeuille logiciel sur votre ordinateur ou votre appareil mobile.

3. Manque de transparence Un autre inconvénient de l'utilisation d'une bourse est qu'elle n'est pas très transparente. En fait, la plupart des bourses ne divulguent même pas le nom des personnes qui les possèdent, ce qui signifie que vous n'aurez aucune idée de qui les dirige ou de leurs pratiques commerciales. La seule façon d'être sûr des normes et des pratiques d'une bourse est de lire les commentaires des autres utilisateurs et de faire vos propres recherches.

4. Interférence du gouvernement Bien que la plupart des crypto-

monnaies soient conçues pour être exemptes d'ingérence gouvernementale, cela reste une possibilité dans certains pays. Par exemple, la Chine a récemment interdit toutes les ICO et restreint les échanges de crypto-monnaies dans le pays, ce qui a eu un impact négatif sur les volumes d'échanges et les prix dans l'ensemble du pays. Si ce type de chose se produit également dans d'autres pays, alors cela pourrait avoir un impact sérieux sur vos bénéfices à long terme.

5. Absence de prise en charge des monnaies fiduciaires De nombreux échanges ont cessé d'accepter les dépôts en monnaie fiduciaire au cours des dernières années. Cela signifie que vous devrez acheter une crypto-monnaie alternative comme le Bitcoin ou l'Ether et la convertir dans les pièces que vous voulez au lieu de simplement déposer votre argent directement.

Il y a quelques exceptions à cela, comme Coinbase qui accepte la monnaie fiduciaire pour ceux qui sont aux États-Unis, mais ce n'est pas une option sur la plupart des échanges. Par conséquent, vous devrez acheter une crypto-monnaie alternative auprès d'un échange qui offre ce service, puis la convertir en pièces que vous voulez sur un autre échange.

Les différents types d'échanges et leurs objectifs Il existe de nombreux types d'échanges de crypto-monnaies parmi lesquels vous pouvez choisir. Alors que certains échanges sont conçus pour faciliter les transactions entre crypto-monnaies, d'autres vous permettent d'échanger de la monnaie fiduciaire contre des pièces numériques. Voici quelques-uns des types d'échanges de crypto-monnaies les plus populaires aujourd'hui :

Bourses fiat-to-crypto Ces bourses agissent comme une plateforme d'échange de devises fiat contre des cryptocurrences et vous permettent d'acheter des pièces en utilisant votre monnaie locale. Parmi les exemples d'échanges fiat-to-crypto, citons CEX.IO, Coinbase et Coinmama. Les bourses fiat-to-crypto sont parfois appelées "bourses traditionnelles", car elles vous permettent d'acheter des pièces en utilisant votre monnaie locale.

Échanges crypto à crypto Ces échanges vous permettent d'échanger des pièces directement avec d'autres utilisateurs, sans avoir recours à un intermédiaire tiers. Parmi les exemples d'échanges crypto à crypto, citons Binance et KuCoin. Ces types d'échanges sont souvent appelés plateformes de "trading direct", car les utilisateurs peuvent échanger directement avec d'autres utilisateurs sans avoir à passer par un intermédiaire.

Bourses hybrides Ces bourses vous permettent d'utiliser à la fois la monnaie fiduciaire et les crypto-monnaies pour acheter des pièces. Dans ce cas, la bourse fait office d'intermédiaire entre les acheteurs et les vendeurs, et elle prélève souvent une petite commission pour chaque transaction effectuée sur sa plateforme. Parmi les exemples d'échanges hybrides, citons Coinbase Exchange et Bithumb.

Les risques liés à l'achat de crypto-monnaies dans une bourse Les bourses sont sans doute le moyen le plus simple d'acheter et de vendre des crypto-monnaies. En effet, la bourse elle-même se charge de tous les aspects techniques de la transaction, en veillant notamment à ce que les deux parties envoient et reçoivent des pièces en même temps.

Il existe aujourd'hui un grand nombre de bourses différentes, dont certaines ne prennent en charge que certains pays ou vous permettent d'effectuer des dépôts dans des devises spécifiques. La bourse déterminera également les crypto-monnaies que vous pouvez acheter et vendre.

Cependant, il est important de se rappeler que les bourses ne sont pas le moyen le plus sûr d'acheter des crypto-monnaies. Par exemple, vous devrez fournir à la bourse votre nom, votre adresse et vos coordonnées bancaires pour effectuer un dépôt. Cela signifie que l'échange dispose de nombreuses informations personnelles vous concernant, ce sur quoi les pirates voudront mettre la main.

Voici quelques-uns des risques auxquels vous serez confronté en utilisant une bourse.

Attaques DDoS L'acronyme DDoS signifie "distributed denial of service" (déni de service distribué) et décrit une cyberattaque au cours de laquelle plusieurs serveurs inondent la bande passante ou les ressources d'un serveur ciblé, provoquant sa défaillance.

L'une des plus célèbres attaques DDoS jamais enregistrées a été l'"attaque du botnet Mirai", qui s'est produite en 2016. L'attaque a visé un site Web appelé Dyn, qui est responsable de l'acheminement du trafic Internet vers des sites Web tels que Twitter, Netflix et Reddit. En conséquence, les utilisateurs aux États-Unis n'ont pas pu accéder à ces sites pendant plusieurs heures.

Les attaques DDoS sont en augmentation et ont déjà touché des bourses de crypto-monnaies par le passé. En janvier 2018, des pirates ont ciblé les bourses de crypto-monnaies Bithumb et Coinrail par des attaques DDoS qui ont entraîné des pertes de plusieurs milliards de wons pour Bithumb (environ 31 millions de dollars) et un montant non divulgué de wons pour Conrail. Ce sont là quelques-uns des principaux avantages de l'utilisation d'un échange - vous n'avez pas à vous soucier des attaques DDoS ou du vol de vos pièces.

Réglementations gouvernementales Les bourses de crypto-monnaies sont tenues d'obtenir une licence ou de s'enregistrer auprès de certains organismes gouvernementaux afin de pouvoir opérer légalement dans un pays spécifique. Par exemple, l'Union européenne a adopté une législation stricte qui oblige toutes les bourses de crypto-monnaies à s'enregistrer auprès de l'Autorité européenne des marchés financiers (AEMF) avant de pouvoir offrir leurs services aux citoyens de l'UE.

Dans certains pays, les bourses ne sont pas tenues d'obtenir une licence ou de s'enregistrer auprès d'un organisme gouvernemental pour pouvoir fonctionner légalement. Toutefois, cela ne signifie pas qu'elles ne sont pas réglementées - de nombreuses bourses se sont volontairement enregistrées auprès de la Financial Conduct Authority (FCA) ou d'un autre organisme de réglementation gouvernemental afin de gagner la confiance des investisseurs et de s'assurer qu'elles respectent toutes les réglementations.

Soutien à la clientèle Lorsque vous achetez des crypto-monnaies auprès d'un échange, alors vous pouvez avoir besoin de contacter l'échange pour obtenir de l'aide si vous êtes bloqué en cours de route. Par exemple, vous pouvez contacter la bourse si votre compte bancaire est rejeté alors que vous essayez d'effectuer un dépôt ou si vous perdez vos informations de connexion et ne pouvez plus accéder à votre compte. Toutefois, rien ne garantit que le bureau de change sera en mesure de vous aider à résoudre ces problèmes, surtout si vous traitez avec un petit bureau de change qui n'a pas les ressources nécessaires pour offrir un soutien à la clientèle.

Taux de change Les taux de change sont également un problème lorsqu'il s'agit d'utiliser les bourses. Par exemple, si vous essayez d'acheter un type de crypto à la bourse, comme l'Ether (ETH), puis de le vendre pour une autre crypto, comme le Bitcoin (BTC), vous devrez payer des frais de transaction calculés dans la même devise que la transaction initiale.

Cela signifie que si vous essayez d'acheter de l'ETH avec des USD et de le vendre contre des BTC, vous devrez payer des frais de transaction en USD plutôt qu'en BTC. Par conséquent, vous pourriez finir par payer des frais de transaction plus élevés que si vous aviez décidé d'échanger les devises sur une autre plateforme dédiée aux transactions interdevises, comme Binance.

Risques de sécurité liés aux échanges Comme nous l'avons mentionné plus haut dans ce guide, les échanges stockent de grandes quantités d'informations personnelles sur les utilisateurs en leur demandant de fournir leur nom et leur adresse lorsqu'ils effectuent un dépôt sur leur compte. Cela signifie que les bourses disposent de beaucoup d'informations sensibles sur leurs utilisateurs et qu'elles s'ouvrent au piratage et aux violations de données.

Par exemple, en 2017, un échange appelé BitGrail a été piraté et 17 millions de jetons Nano ont été volés sur les comptes des utilisateurs. Le principal problème de ce piratage est que la bourse ne disposait pas d'un système de sécurité très avancé à l'époque, ce qui signifie que le pirate a pu s'en tirer avec des millions de dollars de jetons sans être détecté. Ce piratage a entraîné le retrait de tous les jetons Nano de la bourse et l'effondrement consécutif du prix des jetons Nano.

Stocker vos crypto-monnaies dans le portefeuille de votre bourse Lorsque vous achetez des crypto-monnaies auprès d'une bourse, vous devez fournir un certain nombre d'informations vous concernant. Il s'agit notamment de votre nom, de votre adresse et de votre date de naissance. Le bureau d'échange que vous choisissez peut également vouloir vous contacter par courriel ou par téléphone. Certains utilisateurs sont à l'aise pour fournir ce type d'informations à un centre d'échange, tandis que d'autres préfèrent garder leur identité privée.

En outre, certaines bourses demandent aux utilisateurs de fournir des scans de leurs documents d'identité, qui sont ensuite vérifiés manuellement avant que vous puissiez commencer à négocier.

Les bourses vous fourniront généralement une adresse de portefeuille, qui est un identifiant unique utilisé pour envoyer et recevoir des crypto-monnaies. Lorsque vous souhaitez transférer des pièces de l'échange vers votre portefeuille personnel, il vous suffit de les envoyer à cette adresse de portefeuille.

Bien qu'il soit possible de stocker vos crypto-monnaies dans le portefeuille de votre bourse, il est préférable de ne pas laisser vos devises sur la bourse plus longtemps que nécessaire. Au lieu de cela, vous ne devriez conserver que le montant dont vous avez besoin pour négocier sur l'échange lui-même. Le reste peut être transféré dans votre portefeuille personnel pour être conservé en toute sécurité.

En effet, le portefeuille d'échange n'est pas un portefeuille personnel, ce qui signifie qu'il n'est pas conçu pour conserver vos crypto-monnaies pendant de longues périodes. En tant que tel, vous ne devez conserver que la quantité de crypto-monnaies dont vous avez besoin sur le marché d'échange à des fins de négociation. Une fois que vous êtes prêt à transférer vos crypto-monnaies vers un portefeuille personnel, connectez-vous à votre compte et accédez à la page "envoyer" de votre compte d'échange. Si la bourse ne propose pas de bouton "envoyer", il est possible de naviguer directement vers une page où vous pouvez envoyer des crypto-monnaies. Ce processus varie d'un échange à l'autre, mais il est généralement assez facile pour quiconque de s'orienter dans une interface avec un peu de pratique. Une fois sur la page "envoyer", vous pourrez saisir la quantité de crypto-monnaies que vous souhaitez envoyer, ainsi que l'adresse de votre portefeuille personnel.

Il est également important de noter que vous aurez besoin du mot de passe et de la clé privée associés à votre portefeuille personnel afin de mener à bien ce processus. Une fois que vous avez saisi le montant de cryptocurrency que vous souhaitez envoyer et l'adresse de votre portefeuille personnel, cliquez sur le bouton "envoyer". Votre bourse va maintenant générer un code de transaction unique, qui devra ensuite être copié et collé dans une page "envoyer" de votre portefeuille personnel. Ce processus varie selon les portefeuilles, mais il est généralement assez facile pour quiconque de s'y retrouver dans une interface avec un peu de pratique ! Une fois la transaction terminée, vous pouvez vérifier votre portefeuille personnel afin de voir s'il a reçu des crypto-monnaies.

Si le processus est trop difficile, voici un guide simplifié, étape par étape, pour stocker en toute sécurité vos crypto-monnaies dans le portefeuille de votre bourse :

Étape 1 : Connectez-vous à votre compte d'échange Il s'agit du compte que vous avez créé lorsque vous vous êtes inscrit à l'échange de cryptocurrency que vous avez choisi. Les détails de connexion se trouvent généralement dans l'e-mail qui vous a été envoyé lors de votre inscription, ou peuvent être récupérés en utilisant un lien de réinitialisation de mot de passe.

Étape 2 : Cliquez sur l'onglet "Soldes" La plupart des bourses ont un onglet "solde" ou "portefeuille" que vous pouvez utiliser pour voir tous les fonds que vous avez stockés sur la bourse.

Étape 3 : Sélectionnez le type de devise que vous souhaitez transférer Avant d'effectuer des transferts, il est bon de vérifier la quantité de chaque devise que vous avez utilisée pour vos échanges de crypto-monnaies. Cela vous aidera à calculer la quantité de chaque pièce que vous devrez réellement conserver sur l'échange.

Étape 4 : Cliquez sur " Retirer " et sélectionnez à nouveau le type de devise La plupart des échanges auront différents portefeuilles pour différents types de crypto-monnaies, vous devrez donc répéter ce processus pour chaque devise que vous souhaitez transférer depuis l'échange.

Étape 5 : Saisissez le montant de la devise que vous souhaitez transférer et l'adresse du portefeuille Avant de commencer à transférer vos fonds, il est bon de vérifier que vous fournissez l'adresse correcte du portefeuille. Dans certains cas, il s'agira d'une longue chaîne de caractères aléatoires. Veillez à copier et coller cette adresse correctement, sinon vos fonds risquent de ne pas arriver à destination.

Étape 6 : Cliquez sur "Confirmer" et attendez que vos fonds arrivent dans votre porte-monnaie Une fois que vous avez fourni toutes ces informations, cliquez sur "Confirmer" afin de terminer votre transfert. L'organisme de change peut afficher un message indiquant la date à laquelle il prévoit d'effectuer la transaction, mais il n'est pas rare que l'arrivée des fonds prenne quelques heures.

Étape 7 : Répétez le processus si nécessaire Le processus décrit ci-dessus s'applique à la plupart des bourses, mais il peut y avoir quelques différences selon la plate-forme que vous utilisez. Certaines bourses ont des fonctions plus avancées qui rendent le processus plus rapide et plus facile à utiliser. Vous pouvez également avoir la possibilité de spécifier une adresse de portefeuille différente pour chaque transaction.

Comment choisir un échange de crypto-monnaies Dans les sections précédentes, nous avons découvert que les échanges sont l'un des moyens les plus faciles d'acheter et de vendre des crypto-monnaies. Cependant, les échanges présentent de nombreux inconvénients qui rendent risqué le stockage de votre crypto-monnaie sur un échange.

Cependant, un échange de crypto-monnaies n'est pas comme une banque où votre argent est stocké en toute sécurité pour vous. Au lieu de cela, les échanges de crypto-monnaies sont des plateformes centralisées qui détiennent vos fonds dans des portefeuilles contrôlés par l'échange lui-même.

Il existe un large éventail de bourses de crypto-monnaies disponibles aujourd'hui, et toutes ne sont pas créées de la même manière. Certaines plateformes donnent accès à des centaines de pièces différentes, tandis que d'autres offrent une meilleure sécurité ou des fonctions et services supplémentaires.

En gardant cela à l'esprit, avant de choisir un échange, il y a plusieurs choses différentes que vous devriez considérer, notamment :

Emplacement Une autre chose que vous voudrez considérer est l'emplacement de l'échange. Si vous vivez dans un pays qui a des réglementations strictes sur le commerce des crypto-monnaies, alors vous ne pouvez pas être en mesure d'utiliser certains échanges basés dans votre pays.

Il existe également de nombreux pays qui ont entièrement interdit les échanges de crypto-monnaies, ce qui pourrait rendre illégal pour vous l'accès aux échanges de crypto-monnaies depuis ces pays, même avec un VPN. Assurez-vous que, où que vous soyez, l'échange a des serveurs dans votre pays afin que vous puissiez facilement accéder à vos fonds.

Appariements de bitcoins Une autre chose que vous voudrez considérer est le nombre de crypto-monnaies qu'un échange offre. Par exemple, si vous vivez dans un pays qui prend en charge l'achat et la vente de bitcoins contre des devises fiduciaires, vous voudrez acheter auprès d'une bourse qui propose des paires de bitcoins avec votre devise fiduciaire locale. Si ce n'est pas le cas, vous devrez d'abord acheter des bitcoins sur un autre marché avant de les transférer sur le marché qui propose l'appariement que vous recherchez.

Fonctions de sécurité Vous voudrez également prendre en compte les fonctions de sécurité offertes par un échange en ligne. Cela inclut l'authentification à deux facteurs, ainsi que des options telles que le stockage à froid et les courriels cryptés qui peuvent aider à protéger vos fonds contre les pirates. Vous pouvez également vous renseigner sur l'ancienneté d'un échange et savoir s'il a déjà subi un piratage majeur dans le passé et quelles mesures ont été prises depuis pour améliorer encore les mesures de sécurité. Les meilleures bourses qui offrent les meilleures fonctions de sécurité seront en mesure d'avoir le portefeuille le plus sûr ainsi qu'une bonne réputation pour garder les fonds des utilisateurs en sécurité.

Fonctions de négociation Vous voudrez également examiner les fonctions de négociation offertes par une bourse. Les bourses les plus populaires offrent une grande variété de paires de négociation, y compris les crypto-monnaies les plus populaires comme le Bitcoin, l'Ether et le Litecoin, ainsi que d'autres monnaies dont la capitalisation boursière est plus faible et qui sont moins populaires. En plus de cela, certains échanges offrent des outils de négociation avancés qui peuvent vous aider à effectuer des transactions plus rapides et plus rentables, ce qui peut être très utile pour les traders de cryptocurrency expérimentés.

Frais de transaction Une autre chose que vous voudrez prendre en compte est les frais de transaction qu'une bourse facture, y compris les frais de dépôt, les frais de retrait et les frais de négociation. Les meilleurs échanges ont de faibles frais de transaction, en particulier lorsqu'il s'agit de retraits et de dépôts. Cela peut vous éviter d'avoir à payer de grosses sommes d'argent juste pour déplacer vos pièces d'un endroit à un autre.

Méthodes de paiement prises en charge Une autre chose que vous voudrez prendre en compte est la prise en charge des méthodes de paiement d'un échange. Les meilleurs sites d'échange prennent en charge les cartes de crédit et de débit, ainsi que PayPal et les virements bancaires. Cela peut contribuer à réduire le temps nécessaire pour que vos fonds arrivent sur votre compte, tout en garantissant que toutes les transactions sont sécurisées et légitimes. Cependant, certains échanges qui offrent un large éventail de pièces peuvent ne pas accepter certaines méthodes de paiement, donc si vous ne recherchez que certaines pièces, vous voudrez vous assurer que l'échange a un appariement pour la pièce que vous voulez avant de vous inscrire.

12

Les services bancaires avec Bitcoin

Le réseau bitcoin possède son propre système d'exploitation et ne nécessite aucun système bancaire existant. Les crypto-monnaies, dont le bitcoin, sont créées dans le cyberespace par des "mineurs" ou des personnes qui résolvent des algorithmes complexes dans leurs ordinateurs. Ces algorithmes servent de vérification pour tout type de transaction en bitcoin.

Une partie intégrante de l'utilisation des crypto-monnaies est le stockage ou un portefeuille numérique. Ces portefeuilles électroniques ou virtuels sont un élément essentiel de l'infrastructure cryptographique qui permet le mouvement des fonds à travers le réseau blockchain.

Votre porte-monnaie bitcoin Le porte-monnaie bitcoin sert de banque virtuelle qui stocke et protège vos crypto-monnaies. Il est analogue à un portefeuille physique ou à un compte bancaire traditionnel. Votre portefeuille de crypto-monnaies est l'outil que vous utilisez pour interagir avec le réseau blockchain. Il peut générer les informations nécessaires à vos transactions, vous permettant ainsi de transférer ou de recevoir des crypto-monnaies.

Le portefeuille est accompagné d'une adresse spécifique qui est unique pour chaque utilisateur. Il s'agit d'un identifiant alphanumérique qui est pré-généré sur la base de vos clés publique et privée. L'adresse est votre emplacement sur le réseau blockchain vers lequel les cryptomonnaies peuvent être envoyées. La clé privée vous donne accès à votre solde de bitcoins. Ainsi, si vous avez perdu votre smartphone ou si votre PC est compromis pour une raison quelconque, vous pouvez toujours ouvrir votre compte de cryptomonnaie en vous connectant à partir de nouveaux appareils.

En substance, ce portefeuille numérique conserve votre solde de bitcoins, et non la représentation physique réelle des pièces. Il stocke votre adresse bitcoin et la clé de sécurité privée qui vous permettra d'accéder à la blockchain bitcoin. Chaque fois que vous effectuez un paiement ou un transfert de fonds, le portefeuille utilise votre clé pour signer numériquement la transaction afin de prouver la propriété des pièces. C'est ce qu'on appelle les UXTO ou les sorties de transaction non dépensées.

Cette interface électronique vers votre bitcoin peut être un compte auprès d'un service d'échange ou un logiciel dans votre appareil mobile/ordinateur. Il peut également s'agir d'un portefeuille en papier ou d'un dispositif matériel qui fonctionne avec un logiciel dans votre ordinateur. De nombreux portefeuilles qui prennent en charge le bitcoin peuvent également être utilisés pour d'autres monnaies numériques telles que le Litecoin et l'Ethereum.

Avantages et inconvénients Avantages - Stocker en toute sécurité le bitcoin et d'autres crypto-monnaies - Flexibilité pour garder les pièces en ligne et accessibles ou hors ligne et sécurisées - Possibilité d'acheter ou de vendre des pièces et de profiter des fluctuations du marché Inconvénients - La configuration de certains portefeuilles de crypto-monnaies est un peu complexe - Certains échanges associés aux portefeuilles facturent des frais de transaction élevés - Les portefeuilles matériels ne sont pas gratuits Les portefeuilles de crypto-monnaies sont catégorisés comme des portefeuilles chauds ou des portefeuilles froids en fonction de leur mécanisme de fonctionnement.

Portefeuille chaud Un portefeuille chaud est tout type de portefeuille de crypto-monnaies qui est connecté à Internet. Il sert d'outil pour permettre aux utilisateurs d'envoyer et de recevoir des jetons. En général, la mise en place, l'accès et l'acceptation des jetons sont plus pratiques lorsque vous utilisez un hot wallet. Les inconvénients, cependant, sont d'éventuelles vulnérabilités techniques, la susceptibilité aux pirates et une éventuelle réglementation.

Bien que l'utilisation d'un hot wallet pour votre bitcoin comporte certains risques, c'est une option populaire car elle est facile à utiliser pour faciliter les transactions de base. Les avoirs dans leur portefeuille sont transférables à n'importe qui sur Internet. Il est également important de se rappeler que la sécurité et la sûreté de votre hot wallet dépendent largement de votre comportement.

Ne stockez pas tous vos actifs numériques ou vos avoirs dans votre hot wallet, car même avec une clé de sécurité et des protocoles de sécurité, il est très vulnérable aux cyberattaques et aux piratages. De nombreux investisseurs crypto chevronnés ne stockent qu'une petite partie des bitcoins dans leur portefeuille, ce qui n'intéresse pas les pirates en raison du faible nombre de jetons à voler. Une bonne règle à suivre est de conserver le montant que vous prévoyez de dépenser dans une certaine période. Le reste doit toujours être stocké à froid.

Il existe différents types de hot wallets pour les utilisateurs de crypto et les investisseurs. La plupart des hot wallets sont gratuits à télécharger et accessibles via vos téléphones portables. Il vous suffit de choisir celui qui correspond à vos besoins et à vos envies. Il vous suffit de l'installer, de vous inscrire et de commencer à l'utiliser. Il existe également certains types qui sont spécialement conçus en partenariat avec des crypto-monnaies ou des applications web mobiles spécifiques.

- Portefeuilles d'échange Les portefeuilles d'échange sont des portefeuilles de crypto-monnaies dans votre compte. Lorsque vous créez un compte sur une bourse et que vous achetez des pièces, celles-ci sont immédiatement transférées dans le portefeuille du compte. Vous n'avez pas besoin de télécharger, d'installer et de gérer votre propre programme de portefeuille de bitcoins. Cette configuration élimine également la nécessité d'avoir un portefeuille de secours ou de s'inquiéter de perdre vos actifs lorsque vous oubliez le mot de passe ou perdez les copies de vos fichiers de portefeuille. Vous pouvez facilement récupérer le mot de passe de votre compte en passant par le processus de récupération du compte et accéder à vos bitcoins en vous connectant à votre compte.

- Portefeuilles Web Un portefeuille Web est un stockage en ligne basé sur un site Web. Il vous demandera d'ouvrir une URL avant de pouvoir accéder au portefeuille. Il utilise généralement un système de compte de connexion avec un nom d'utilisateur et un mot de passe. Vous pouvez accéder à votre solde de bitcoins de n'importe où, en utilisant votre appareil mobile ou n'importe quel navigateur. Il est facile d'accès et ne nécessite aucune installation. Cela peut sembler très pratique, surtout pour les utilisateurs inexpérimentés et les débutants, mais un portefeuille web peut être risqué. Il n'est pas très sûr car vous accédez au portefeuille sur un serveur centralisé par le biais d'un navigateur Web, qui est la cible favorite des pirates.

De plus, les portefeuilles web ne disposent pas de mécanismes d'échange dans le portefeuille, contrairement aux autres types de portefeuilles. Vous n'avez pas le contrôle de votre clé privée (ou phrase secrète), ce qui signifie évidemment que vous confiez à un tiers le contrôle et la protection de vos actifs. Pour remédier à ce problème, de nombreux portefeuilles Web permettent désormais aux utilisateurs de gérer leurs clés seuls ou par contrôle partagé (multi-signatures).

Les portefeuilles web fonctionnent mieux pour les transactions d'achat et de vente avancées ou certains échanges centralisés. Parmi les exemples de portefeuilles Web, citons MyEtherWallet, MetaMask et MyCryptoWallet.

- Portefeuilles logiciels Les portefeuilles logiciels sont les plus pratiques à utiliser. La plupart des portefeuilles logiciels doivent être connectés à Internet pour accéder aux fonds cryptographiques. Ils se distinguent également par des plateformes logicielles telles que Mac, Windows et d'autres systèmes d'exploitation, ainsi que par des ensembles de crypto-monnaies prises en charge.

Ils se présentent sous diverses formes, comme des programmes informatiques qui stockent les crypto-monnaies sur votre PC (portefeuilles de bureau), des applications pour smartphone (portefeuilles mobiles) ou des portefeuilles en ligne (portefeuilles web). Chacun de ces portefeuilles possède ses propres caractéristiques qui facilitent les mouvements de fonds d'un utilisateur à l'autre.

Un portefeuille de bureau est un logiciel qui vous donne le contrôle total des fonds et des clés. Lors de la création d'un nouveau desktop wallet, un fichier "wallet.dat" sera stocké sur votre ordinateur. Ce fichier local contient les informations de la clé que vous pouvez utiliser pour accéder à votre adresse cryptographique et vous permet de la crypter à l'aide d'un mot de passe personnel. Une fois que vous avez crypté le portefeuille de bureau, vous devez fournir votre mot de passe pour exécuter le logiciel et vous permettre de lire les fichiers du portefeuille. Il est crucial de sauvegarder votre fichier et de le stocker dans un endroit sûr. Si vous perdez le fichier ou si vous oubliez votre mot de passe, vous n'aurez plus accès aux fonds si votre ordinateur cesse de fonctionner. Par ailleurs, l'exportation de la phrase de démarrage ou de la clé privée vous permet d'accéder à votre solde numérique sur d'autres appareils. Assurez-vous que votre ordinateur de bureau est exempt de logiciels malveillants et de virus avant de configurer ou d'utiliser le porte-monnaie.

Le portefeuille de bureau fonctionne comme votre adresse pour recevoir et envoyer des bitcoins. Il vous permet également de stocker votre clé privée. Electrum, Hive OS X, Bitcoin Core et Multibit sont quelques exemples de portefeuilles de bureau.

Un portefeuille mobile est conçu pour les applications sur smartphone. Il vous permet de recevoir ou d'envoyer des bitcoins en utilisant des codes QR. Il convient aux utilisateurs qui effectuent des transactions quotidiennes dans les magasins physiques qui acceptent les crypto-monnaies comme moyen de paiement. Mais comme les appareils mobiles sont également vulnérables aux infections par des logiciels malveillants et autres applications malveillantes, vous devez crypter votre portefeuille mobile avec un mot de passe fort. Vous devez également sauvegarder votre phrase de démarrage (clé racine) ou votre clé privée au cas où vous perdriez ou briseriez votre smartphone.

Ce sont des applications téléchargeables qui sont connectées à un échange de crypto particulier. Cela signifie que vous avez le contrôle principal de vos actifs cryptographiques et de vos clés privées. Vous pouvez l'installer sur votre ordinateur de bureau ou votre téléphone portable.

Les portefeuilles mobiles fonctionnent comme les portefeuilles de bureau, mais sont plus fonctionnels lorsque vous payez dans des magasins physiques via la communication en champ proche (NFC), la lecture du code QR ou le "touch-to-pay". Ces portefeuilles peuvent être compatibles avec Android ou iOS. Des exemples de portefeuilles mobiles sont Hive Android, Bitcoin Wallet et Mycelium Bitcoin wallet.

B. Portefeuille froid Les portefeuilles froids ne sont pas connectés à Internet. Ils utilisent un support physique pour conserver les clés des utilisateurs hors ligne, prévenant ainsi les risques de tentatives de piratage. Ils sont également appelés cold storage et conviennent aux HODlers ou aux investisseurs crypto à long terme.

Vous ne connecterez votre cold wallet à Internet que lorsque vous aurez besoin d'effectuer des transactions. Il existe deux types populaires de cold wallet : les hardware wallets et les paper wallets.

- Les portefeuilles matériels sont l'option la plus sûre car ils sont pratiquement à l'abri de toute forme de cyberattaques virales. Ils stockent les bitcoins sur un dispositif physique et électronique qui se connecte à votre ordinateur via un port USB. Vos clés personnelles sont stockées dans cet équipement qui n'est pas connecté à l'internet.

Bien que les portefeuilles matériels présentent des niveaux de protection plus élevés contre les cyberattaques, ils peuvent être mis en danger lorsque l'implémentation du firmware est incorrecte. Ils sont également moins conviviaux car il est plus difficile d'accéder à vos fonds. Pour résoudre ce problème de manque d'accessibilité, vous pouvez utiliser des outils qui vous aideront à connecter votre portefeuille matériel à l'interface du navigateur de votre plateforme de négociation préférée.

Ces types de porte-monnaie cryptographiques ne sont pas gratuits et vous coûteront entre 100 et 200 dollars. Un portefeuille matériel est votre meilleure option si vous détenez d'énormes quantités de bitcoins ou si vous souhaitez conserver vos actifs numériques pendant une longue période.

- Les portefeuilles papier sont des mécanismes hors ligne pour le stockage de bitcoins ou de tout autre jeton numérique et facilitent toutes les mises à jour du grand livre de la blockchain lorsque de nouvelles transactions sont effectuées. Comme les hot wallets, ils utilisent des clés publiques et privées pour accéder aux fonds. Contrairement aux hot wallets, les paper wallets n'ont pas besoin d'une connexion internet.

Les utilisateurs qui souhaitent créer un portefeuille papier doivent se rendre sur un site générateur de portefeuille pour créer des clés et les codes QR correspondants. Ils peuvent imprimer leurs clés privées sous forme de codes QR sur un morceau de papier et scanner les codes pour exécuter des transactions. Certains sites permettent de télécharger les codes des portefeuilles papier pour générer de nouvelles clés et adresses, ce qui est extrêmement vulnérable aux attaques de piratage en ligne.

Les portefeuilles papier ont été considérablement populaires au cours des premières années du bitcoin, mais ils sont désormais considérés comme obsolètes et peu fiables par certains utilisateurs de crypto-monnaies en raison de leurs nombreux défauts. L'un des principaux inconvénients des portefeuilles papier est que vous devez envoyer la totalité du solde lors d'une transaction et que l'envoi partiel de fonds est interdit. Les types populaires de portefeuilles mobiles sont Hive Android, Bitcoin Wallet et Mycelium Bitcoin wallet.

Le stockage de crypto-monnaies dans le portefeuille matériel nécessite l'envoi des fonds du portefeuille chaud à l'adresse publique de votre portefeuille matériel. Pour transférer des bitcoins à partir d'un portefeuille matériel ou d'une adresse d'échange, vous devez le connecter à Internet via un logiciel dédié et signer votre transaction à l'aide de votre clé privée.

Pour envoyer des bitcoins depuis votre portefeuille papier, vous devez les importer dans votre porte-monnaie électronique. Cela se fait en scannant les clés privées pour permettre les transactions.

Comment choisir un portefeuille numérique ?

Le choix du type de portefeuille bitcoin que vous souhaitez utiliser dépend entièrement de vos besoins et de vos préférences. Si vous dépensez régulièrement des bitcoins, une bonne option consiste à détenir vos crypto-monnaies sur un portefeuille web ou mobile. Si vous voulez les acheter et les conserver, vous avez besoin d'un portefeuille froid. Il est également important de choisir un portefeuille non gardien. Cela signifie que vous seul avez accès aux clés privées de votre compte. Cela vous donne un contrôle total sur vos actifs cryptographiques.

Il est également important de vérifier les facteurs essentiels qui les distinguent les uns des autres comme les coûts, les mesures de sécurité et les normes opérationnelles. Lisez les avis des clients et les opinions des meilleurs et des plus brillants du secteur pour vous aider à trouver celui qui convient parfaitement à vos fonds virtuels. L'une des plus grandes considérations est la sécurité, alors assurez-vous de choisir un portefeuille qui a de nombreux protocoles de sécurité en place et qui a la confiance de nombreux investisseurs en crypto-monnaies. Il est également préférable d'en choisir un qui fonctionne bien avec les plus grandes bourses, car il vous aide à effectuer rapidement diverses transactions sur le marché libre.

L'achat d'un portefeuille de crypto-monnaies peut vous coûter de 0 à 200 dollars, selon le fournisseur. Si vous choisissez un portefeuille fourni par la bourse que vous avez choisie, vous devrez payer des frais fixes ou un certain pourcentage de la valeur totale de votre transaction.

- Les débutants devraient envisager de choisir un porte-monnaie Bitcoin qui offre des frais de transaction très bas. Les meilleures options pour les traders inexpérimentés sont Coinbase, Robinhood et SoFi. Pour les personnes ayant de solides connaissances en matière d'investissement, les meilleurs choix sont Exodus, Robinhood et SoFi.
- Les amateurs sérieux devraient rechercher un portefeuille de crypto-monnaie dédié avec des fonctionnalités améliorées et des protocoles de sécurité supplémentaires. Parmi les bons choix, citons Trezor, Coinbase, Exodus et Ledger.
- Les utilisateurs de crypto expérimentés qui sont à l'aise pour effectuer des transactions sur leur ordinateur devraient opter pour des portefeuilles matériels. Ils peuvent facilement naviguer dans la nature complexe des dispositifs de stockage hors ligne comme Ledger et Trezor.

Comment encaisser le portefeuille de bitcoins ?

Dans le monde cryptographique, vous ne pouvez pas convertir directement vos pièces, mais vous pouvez les vendre anonymement sur le réseau blockchain contre des devises fiduciaires. Vous pouvez également demander l'aide d'une bourse de crypto-monnaies pour gérer la transaction et trouver des acheteurs pour vos bitcoins. Après la réalisation de la vente de bitcoins, vous devez attendre 1 à 3 jours pour le transfert de la monnaie fiduciaire sur votre compte bancaire. Chaque type de portefeuille suit des règles et des délais de transfert différents.

Les rôles essentiels des sauvegardes Perdre l'accès à son portefeuille est peu pratique et peut être coûteux, il est donc toujours préférable d'avoir une sauvegarde. Vous pouvez le faire en sauvegardant vos phrases d'amorçage ou vos fichiers wallet.dat. Les phrases d'amorçage sont comme des clés racine qui génèrent et vous donnent accès aux adresses et aux clés de votre portefeuille de crypto-monnaies. Si vous choisissez de crypter votre mot de passe, veillez à le sauvegarder également.

Pour les propriétaires individuels de cryptos, la grande possibilité de perdre les clés privées est toujours un risque. Le danger est plus grand pour les investisseurs institutionnels qui prennent de grandes mesures pour protéger à tout prix leurs actifs numériques. Nombre d'entre eux répartissent une partie de leurs investissements en cryptomonnaies dans des unités de stockage situées à divers endroits, qui comprennent des solutions de conservation.

Que sont les solutions de conservation ?

Les solutions de conservation font référence aux systèmes de stockage et de sécurité fournis par des fournisseurs indépendants. Cette dernière innovation dans l'écosystème des crypto-monnaies peut contenir de très grandes quantités de jetons. Elle devrait attirer davantage de capitaux institutionnels dans le secteur des crypto-monnaies. Un autre argument de vente des solutions de garde de crypto-monnaies est la réglementation. La SEC exige que les investisseurs institutionnels tels que les banques, les associations d'épargne et les courtiers-négociants enregistrés disposant de plus de 150 000 dollars d'actifs stockent leurs avoirs auprès d'un "dépositaire qualifié." D'autres entités qui sont incluses dans cette catégorie sont les institutions financières étrangères et les futurs commissionnaires.

L'un des acteurs émergents dans le secteur des solutions de garde est Coinbase. Cette bourse de crypto-monnaie populaire rachète diverses acquisitions récemment, notamment le courtier enregistré Keystone Capital en Californie et le fournisseur de stockage Xapo. Un autre nouvel acteur dans l'espace de garde est la banque suisse Vontobel. Elle a lancé le programme Digital Asset Vault qui vise à attirer les investisseurs institutionnels dans l'espace crypto.

Comment les solutions de conservation sécurisent-elles vos fonds virtuels ?

Les solutions de conservation ciblent les détenteurs de fonds spéculatifs ou les investisseurs institutionnels possédant de grandes quantités de crypto-monnaies comme le bitcoin. Elles s'efforcent d'intégrer une combinaison de stockage à chaud et de stockage à froid. Cette méthode est appelée stockage en chambre forte et les investisseurs peuvent y accéder à l'aide de leurs clés privées.

L'avenir des solutions de conservation de crypto-monnaies Les solutions de conservation connaissent une croissance exponentielle depuis leur création en raison de l'intérêt et de la confiance croissants des investisseurs institutionnels et des analystes. Ils considèrent cette option comme un pont vital entre l'espace crypto en mutation et le marché de l'investissement traditionnel. À l'heure actuelle, deux évolutions sont susceptibles d'affecter son avenir : l'entrée de grands acteurs et la clarté de la réglementation.

L'entrée éventuelle de noms établis pourrait secouer ce nouveau marché et conduire à la conception ou à l'offre de divers services de garde. L'autre évolution concerne l'absence d'organismes de réglementation des acteurs de la crypto-monnaie. On estime que l'évolution du secteur ne se fera que lorsque les régulateurs interviendront pour définir des lignes directrices.

Les meilleurs portefeuilles de crypto-monnaies du marché Tous les portefeuilles et dispositifs de stockage ne sont pas égaux, il est donc nécessaire de vérifier leurs caractéristiques individuelles, notamment leur capacité à stocker de grandes quantités de crypto-monnaies. Voici quelques-uns des meilleurs portefeuilles et dispositifs de stockage Bitcoin et les plus fiables, basés sur différentes catégories.

Le meilleur pour les débutants : Exodus Exodus est un portefeuille chaud qui est parfait pour les débutants en raison de son interface facile à naviguer et de ses fonctionnalités de soutien. Il est livré avec un échange intégré et des outils utiles axés sur les investisseurs que vous pouvez utiliser pour vous familiariser avec l'espace crypto. La caractéristique principale d'Exodus est la possibilité d'effectuer des échanges entre un nombre croissant de crypto-monnaies. À l'heure actuelle, Exodus permet d'effectuer des échanges entre plus d'une centaine de crypto-monnaies différentes.

Il s'agit à la fois d'un portefeuille pour ordinateur de bureau/portable et d'un portefeuille mobile, qui vous permet de stocker et d'échanger des bitcoins directement dans l'application ou sur le bureau. Ce portefeuille à source fermée ne nécessite pas de création de compte. Vous obtenez une clé privée pour accéder à vos crypto-monnaies. Veillez à la sauvegarder pour garantir la sécurité de vos actifs en cas de panne ou de vol de l'ordinateur ou du téléphone. Il est fourni avec une configuration automatique des frais pour assurer des transactions rapides et pratiques. Il est possible de définir des frais de transaction personnalisés si vous le souhaitez.

Avantages - Application de bureau prenant en charge plus de 125 crypto-monnaies - Interface attrayante et de haute qualité - Bourse intégrée - Compatible avec le porte-monnaie matériel Trezor - Excellent support client - Gratuit Inconvénients - Pas d'authentification à deux facteurs - Logiciel fermé qui soulève des problèmes de sécurité pour les utilisateurs avancés Meilleur pour les utilisateurs plus avancés : Electrum Electrum est considéré comme un porte-monnaie bitcoin pionnier. De nombreux crypto traders et investisseurs lui font confiance depuis 2011, soit 2 ans après la création de Bitcoin. C'est un portefeuille chaud avec une interface utilisateur simple et engagée dans l'utilisation du bitcoin. Ce portefeuille open-source convient aux utilisateurs avancés en raison de ses fonctionnalités complexes qui permettent de personnaliser les frais de transaction. Electrum vous permet également de déterminer le niveau de sécurité que vous souhaitez utiliser pour protéger vos actifs numériques. Vous pouvez utiliser un portefeuille standard avec une authentification à 2 facteurs, un portefeuille à signatures multiples ou utiliser des mots personnalisés pour votre phrase de démarrage. Il est également doté d'une fonction optionnelle qui vous permet de choisir entre Bitcoin et Segwit.

Avantages - Gratuit - Niveau plus élevé de protocoles de sécurité que les autres portefeuilles à chaud - Compatible avec les portefeuilles matériels Ledger et Trezor Inconvénients - Ne fonctionne que pour le bitcoin -

Interface de base - Pas d'échange intégré - Pas de support client Le meilleur pour les utilisateurs ayant de gros actifs en crypto-monnaies : Trezor Si vous recherchez un portefeuille matériel avec des protocoles de sécurité plus importants, Trezor est le choix idéal. Il les garde en sécurité à tout moment grâce à ses fonctionnalités d'authentification multifactorielle. Ce portefeuille froid prend en charge plus de 1 000 crypto-monnaies. Il se branche facilement sur votre smartphone ou votre ordinateur.

Le modèle de niveau introductif coûte 60 $, tandis que le modèle Trezor de 2e génération coûte 193 $. Le modèle amélioré peut stocker plus de cryptos, dispose d'une meilleure interface, d'un écran tactile, d'un emplacement pour carte microSD et d'autres fonctions utiles pour des transactions sans faille. Il permet également aux utilisateurs d'accéder à des échanges tiers directement dans l'interface du site Web.

Ne perdez pas ce porte-monnaie matériel ou vos informations de récupération comme le code PIN, la graine de récupération ou le mot de passe pour éviter de perdre définitivement vos cryptos.

Avantages - Bourse incorporée - Fonctions de sécurité plus strictes - Stockage hors ligne sécurisé - Interface utilisateur basée sur le Web - Une liste massive de cryptos supportées - Logiciel open-source - Stockage illimité Le meilleur pour les utilisateurs mobiles : Mycelium Mycelium est le choix unanime des utilisateurs qui préfèrent utiliser leurs smartphones pour les transactions en crypto. Ce logiciel ouvert, réservé aux utilisateurs mobiles, prend en charge les bitcoins, les ETH, les jetons FIO et les jetons ERC-20 uniquement. Il est livré avec un échange intégré et permet aux utilisateurs de définir des frais personnalisés pour chaque transaction. Il prend également en charge le stockage à froid hors ligne, parfait pour ceux qui veulent stocker des bitcoins pendant une période plus longue tout en utilisant l'interface du portefeuille pour surveiller leurs avoirs.

Il s'agit d'un portefeuille chaud populaire pour les appareils iOS et Android. Mycelium fonctionne mieux pour les utilisateurs de crypto expérimentés qui préfèrent les transactions basées sur le code QR, le contrôle exclusif des clés privées et le stockage hors ligne sécurisé. Son installation est gratuite.

Pour - Échange intégré - Compatible avec d'autres portefeuilles matériels comme Ledger, Trezor et KeepKey - Frais de transaction personnalisables - Téléchargeable et gratuit - Caractéristiques de sécurité très élevées - Pratique pour l'échange, le transfert et le paiement de cryptos Contre - Utilisation mobile uniquement - Interface un peu confuse pour les nouveaux utilisateurs Meilleur stockage matériel : Ledger Lorsqu'il s'agit de durabilité et de sécurité, le Ledger est un choix de premier ordre pour un portefeuille matériel de stockage à froid. Il est livré avec le logiciel Ledger Live qui permet à l'utilisateur de vérifier le solde de son compte et d'envoyer ou de recevoir des devises. Il prend en charge plus de 1 500 crypto-monnaies, vous permettant d'ajouter de nouveaux portefeuilles pour les stocker dans vos appareils ainsi que de gérer les différents portefeuilles. Il prend également en charge le jalonnement de pièces, où vous gagnez des récompenses en fonction de votre solde actuel.

Ledger est le favori de tous les temps dans le secteur de la crypto-monnaie. Il se connecte à vos appareils via Bluetooth ou un câble USB Type-C. Vous avez la possibilité de choisir entre le Ledger Nano S de base et le Ledger Nano X de 2e génération, qui a la taille d'une clé USB ordinaire avec un couvercle en acier inoxydable. Les deux utilisent une puce sécurisée similaire à celles utilisées pour les passeports ou les cartes de crédit. Le Nano S coûte 59 dollars et peut contenir jusqu'à 6 applications à la fois. Le Nano X est vendu 119 $ et peut contenir jusqu'à 100 applications à la fois.

Avantages - Interface utilisateur intuitive et facile à naviguer - Logiciel open-source avec un soutien supplémentaire de la part des clients et de la communauté - Connectivité Bluetooth - Idéal pour les ordinateurs de bureau et les appareils mobiles - Stockage de crypto-monnaies hors ligne extrêmement sécurisé - Prise en charge de plusieurs devises Inconvénients - Pas de fonction d'échange intégrée - L'intégration Bluetooth en fait un vecteur potentiel d'attaque en ligne - Configuration complexe pour les utilisateurs de crypto-monnaies moins expérimentés Transactions en bitcoins Une transaction en bitcoins est le transfert de la valeur d'un bitcoin, qui est signé numériquement et rassemblé en blocs. Ceux-ci ne sont pas cryptés, vous pouvez donc parcourir et voir l'historique des transactions dans les blocs. Chaque transaction est essentiellement une référence de la sortie de la transaction précédente en tant que nouvelle entrée de la transaction, le tout menant au point où les bitcoins ont été créés pour la première fois.

Le système de Bitcoin est structuré de manière à garantir que toutes les transactions sont créées, propagées, validées et ajoutées aux blocs existants dans le grand livre public. Ces transactions sont orientées vers les données qui permettent et encodent la valeur transférée entre les utilisateurs.

Le cycle de vie de chaque transaction commence par la création de l'origination. Elle nécessite une ou plusieurs signatures pour autoriser la dépense des fonds. Ensuite, la transaction sera diffusée, permettant à chaque participant ou nœud du réseau de la confirmer et de la partager avec d'autres nœuds pour validation jusqu'à ce qu'elle atteigne le nœud minier. Une fois entièrement validée, la transaction sera ajoutée aux blocs du système et deviendra irréversible.

Chaque transaction Bitcoin comporte trois parties :

- L'entrée Il s'agit de l'enregistrement de l'adresse où vous avez initialement reçu vos bitcoins. Il s'agit de la sortie d'une transaction passée. Il peut y avoir plusieurs entrées listées dans une transaction. Toutes les valeurs d'entrée (valeur totale des pièces) de la nouvelle transaction sont additionnées et le total est utilisé pour la sortie de la nouvelle transaction, moins les frais de transaction.

La sortie de la transaction non dépensée ou UTXO est considérée comme le bloc de construction de toutes les transactions. Il s'agit des morceaux indivisibles de la monnaie bitcoin qui appartiennent à l'utilisateur, enregistrés sur la blockchain et reconnus par le réseau comme des unités monétaires. L'UTXO utilisé pendant une transaction est appelé entrée de transaction. L'UTXO créé pendant la transaction est appelé sortie de transaction.

- Montant Il s'agit du montant ou de la valeur spécifique du bitcoin que vous souhaitez transférer à un autre utilisateur. La valeur est le nombre de Satoshi que la sortie vaudra lorsqu'elle sera réclamée.

- Sortie Il s'agit de la clé publique ou de l'adresse BTC de l'utilisateur auquel vous allez envoyer les fonds. La sortie contient les instructions pour envoyer les bitcoins. Comme pour les entrées, il peut y avoir plusieurs sorties qui partagent la valeur combinée des entrées BTC. Chaque sortie d'une transaction est référencée une fois par une entrée de la transaction suivante.

Par exemple, si l'entrée est de 50 BTC et que vous voulez envoyer 30 BTC, Bitcoin produira deux sorties d'une valeur de 30 BTC et 20 BTC. La première sera envoyée à la destination et l'autre vous sera renvoyée. En outre, tout BTC d'entrée qui n'est pas échangé contre une sortie est considéré comme des frais de transaction.

Le processus de transaction :

1. Une nouvelle transaction est entrée dans le réseau du système.
2. La transaction est transmise à un réseau informatique pair-à-pair.
3. Le réseau d'ordinateurs résout des équations pour valider la transaction.
4. La transaction est terminée.
5. Les blocs sont enchaînés ensemble pour créer un historique de toutes les transactions de façon permanente.

6. Une fois que la légitimité des transactions est complète, elles sont regroupées sous forme de blocs.

Comment les transactions sont-elles créées ?

Comme le chèque papier traditionnel, une transaction en bitcoins est un instrument qui indique votre intention de transférer des fonds. Elle ne sera pas visible par le système tant qu'elle n'aura pas été remise pour exécution. Elle peut être créée en ligne ou hors ligne. Le créateur peut être le propriétaire ou un tiers qui effectue la transaction en son nom. Une transaction signée avec les informations nécessaires à l'exécution du transfert de fonds est valide. Elle doit atteindre le réseau BTC et être propagée jusqu'à ce qu'elle atteigne le mineur pour être enregistrée.

Comment les transactions sont-elles diffusées sur le réseau Bitcoin ?

Il faut 300 à 400 octets de données pour créer une transaction et un voyage à travers les différents nœuds du réseau bitcoin jusqu'à ce qu'elle atteigne le mineur. Peu importe d'où vient la transaction, les nœuds la valideront néanmoins. Ce qui est essentiel, c'est que la transaction soit transportée jusqu'au premier nœud et propagée dans le réseau.

Elle peut être transmise par WiFi, Bluetooth, codes-barres, NFC ou Chirp. Il est également possible de copier et de coller la transaction dans un formulaire Web ou de la diffuser par relais satellite, packet radio, saut de fréquence, spectre étalé ou ondes courtes. S'il n'existe aucun moyen d'accéder aux modes de transmission susmentionnés, vous pouvez coder la transaction sous forme d'émoticône et la publier dans un forum public ou l'envoyer sous forme de texte ou de message de discussion sur Skype.

Comment les transactions sont-elles propagées ?

Le premier nœud qui reçoit la transaction s'efforce de la valider. Une fois qu'elle est jugée valide, le nœud la partage avec les nœuds qui se connectent et envoie un message à l'expéditeur indiquant que la transaction a réussi. Lorsqu'un nœud constate que la transaction n'est pas valide, il interrompt automatiquement le processus et envoie un message indiquant qu'elle est rejetée.

Le réseau Bitcoin ressemble à un maillage lâche de nœuds connectés, fonctionnant comme une structure complexe. Tous les nœuds sont égaux les uns aux autres. Chaque transaction, bloc ou message est partagé par un nœud avec les nœuds voisins jusqu'au cluster suivant, jusqu'à ce qu'il localise le mineur. En quelques secondes, une seule transaction Bitcoin se propage de manière exponentielle jusqu'à ce que chaque nœud connecté l'ait reçue.

Pour éliminer les problèmes de spam, de nuisance ou de déni de service, chacun de ces nœuds travaille à valider la transaction de manière indépendante. Toute transaction douteuse sera instantanément rejetée et ne pourra pas être effectuée.

Types de transactions Bitcoin Il existe 5 transactions Bitcoin standard qui sont acceptées par les clients de référence et les mineurs qui exécutent les clients de référence.

1. Pay-to-public-key-hash (P2PKH) La plupart des transactions du réseau bitcoin sont des Pay-to-public-key-hash. Il contient un script de verrouillage qui utilise un hash de clé publique ou une adresse de bitcoin. L'adresse du bitcoin n'est qu'un hachage, permettant à l'expéditeur de financer la transaction à l'aide d'un hachage de 20 octets. La sortie verrouillée par le script P2PKH est déverrouillée par le récepteur en présentant une signature numérique et une clé publique. Le script vérifie alors que la clé publique est bien hachée par rapport au hachage script-PubKey et vérifie la signature par rapport à la clé publique.

1. Pay-to-public-key Le Pay-to-public-key est la version la plus simple du paiement par Bitcoin. Elle stocke la clé publique dans le script de verrouillage. Cette forme de paiement est souvent utilisée dans les transactions de Coinbase où le logiciel de minage n'est pas encore mis à jour pour faire des affaires en utilisant P2PKH.

1. Pay-to-script-hash (P2SH) P2SH ou pay-to-script-hash a été créé en 2012 pour simplifier les scripts de transaction complexes. Avec P2SH, une empreinte numérique (hachage cryptographique) remplace le script de verrouillage complexe. Toute transaction qui tente de dépenser l'UTXO (sortie de transaction non dépensée) sera présentée ultérieurement et devra avoir le script qui correspond au hash. Lorsque le hachage remplace le script de verrouillage, on l'appelle le script de rachat. Tous les scripts multi-signatures standard peuvent utiliser jusqu'à 15 signatures publiques répertoriées ou toute combinaison de clés dans cette plage.

1. Multi-signature (jusqu'à 15 clés) Les scripts multi-signature sont considérés comme très puissants car ils utilisent les capacités de script avancées de bitcoin. Cette option utilise le schéma M-of-N, où M est le seuil de signatures nécessaires à la validation et N le nombre total de clés. Les N clés publiques sont enregistrées dans le script, tandis qu'au moins deux M fournissent leurs signatures pour valider la transaction et libérer les fonds.

1. Sortie des données (OP_RETURN) Les tentatives d'utilisation de la blockchain pour stocker des données qui ne sont pas liées aux paiements Bitcoin sont un sujet controversé depuis de nombreuses années. De nombreux développeurs qualifient cette utilisation d'abusive et affirment que cette pratique provoque un "gonflement de la blockchain". Cela signifie que les données de non-paiement pèsent sur le nœud bitcoin complet et produisent des UTXO qui ne peuvent jamais être dépensés. Cela se produit parce que l'adresse des données ne correspond à aucune clé privée, créant ainsi un faux paiement. D'autres développeurs y voient une démonstration des puissantes capacités de la technologie blockchain de Bitcoin.

Pour résoudre ce problème, l'opérateur OP_RETURN a été introduit, permettant aux développeurs d'ajouter 40 octets supplémentaires de données de non-paiement à la sortie de la transaction. Toutes les sorties de OP_RETURN sont enregistrées publiquement sur la blockchain, mais ne sont pas stockées dans l'ensemble UTXO afin de ne pas compromettre les nœuds complets et le pool de mémoire des sorties de transaction non dépensées.

Frais de transaction La plupart des transactions en bitcoin sont assorties de frais de transaction pour rémunérer les mineurs qui sécurisent l'ensemble du réseau. Ils servent d'incitation à extraire la transaction jusqu'au bloc suivant, tout en agissant comme un moyen de dissuasion contre toute transaction abusive ou spam. La structure de données du bitcoin n'a pas de champ spécifique pour les frais de transaction, ils sont donc considérés comme un montant excédentaire ou comme les différences entre la somme des entrées et la somme des sorties. De nombreux portefeuilles de crypto-monnaies incluent des frais de transaction automatiques, avec une option pour les calculer manuellement. En général, les frais de transaction sont calculés en fonction de la taille de la transaction en termes de kilo-octets et non de la valeur de la transaction en bitcoins.

La blockchain Comme mentionné dans le premier chapitre de ce livre, la technologie blockchain est le grand livre distribué mondial du réseau bitcoin. Elle est constituée de blocs de données qui sont reliés de manière séquentielle dans une chaîne. Chaque bloc stocke des informations sur le bloc précédent. Les données sont copiées et stockées dans différents nœuds, sans être liées à un serveur spécifique. Cela rend la substitution d'enregistrements impossible. Il existe également des "protocoles" ou un ensemble de règles verrouillées en permanence qui régissent le flux de données dans le réseau de nœuds.

Une blockchain est un type spécifique de base de données qui recueille et stocke des informations de manière électronique sur le système informatique. Dans le cas du bitcoin, elle est utilisée comme stockage décentralisé des données pour éviter de donner le contrôle à un seul groupe ou à une seule personne. Elle conserve les données dans les blocs, en enchaînant le nouveau bloc dans le bloc précédent et en classant les données par ordre chronologique. La nature décentralisée de la blockchain rend les données irréversibles, consultables et enregistrées de manière permanente.

Comment s'utilise-t-elle ?

Bien que les blockchains puissent stocker d'autres données, elles sont principalement utilisées pour les transactions monétaires. Certaines grandes entreprises comme Pfizer, Unilever, Siemens, Walmart et AIG ont déjà intégré la blockchain dans leurs systèmes. IBM a créé sa blockchain propriétaire Food Trust1 pour suivre l'itinéraire de ses produits alimentaires. Cela permet de retrouver facilement la source des épidémies ou des matières dangereuses qui ont accidentellement endommagé les produits.

Avantages et inconvénients de la blockchain Avantages - Amélioration de la précision en raison de la suppression de l'intervention humaine dans le processus de validation. Cela élimine l'erreur humaine lors de la vérification des transactions. Même si l'ordinateur du système en réseau commet une erreur de calcul, celle-ci ne sera présente que dans un seul nœud de la blockchain et sera facilement résolue. Pour que l'erreur se répande dans tout le système, il faudrait au moins 51 % des ordinateurs.

- La décentralisation signifie que les données ne sont pas stockées dans un endroit central. Elles sont copiées et diffusées sur le réseau informatique, ce qui rend difficile la falsification des données par les pirates.

- Réduction du coût des opérations car elle ne nécessite pas de vérification par un tiers.

-Technologie transparente qui permet à quiconque de visualiser les transactions. La blockchain bitcoin est un logiciel libre, ce qui permet aux auditeurs d'examiner plus facilement son processus opérationnel et ses protocoles de sécurité.

- Toutes les transactions sont privées, efficaces et sécurisées. La blockchain fonctionne 24 heures sur 24 et 7 jours sur 7, de sorte que toutes les transactions sont réalisées en moins de 10 minutes et considérées comme sûres au bout de quelques heures. Bien que la blockchain du bitcoin soit une base de données publique, l'accès aux détails des transactions est réservé aux utilisateurs. Les autres personnes ne peuvent pas accéder aux détails d'identification des personnes qui effectuent les transactions. Au lieu d'utiliser des informations personnelles, les utilisateurs effectuent des transactions en utilisant un code unique ou une clé publique.

- Fournissant une alternative bancaire pour tous ceux qui n'ont pas de comptes bancaires ou qui veulent un endroit confidentiel et sécurisé. L'avenir des blockchains est également considéré comme un fournisseur de stockage des droits de propriété, des dossiers médicaux et des contrats juridiques.

Inconvénients - Coût technologique associé à l'extraction de bitcoins, comme la consommation d'électricité et la validation des transactions.

- L'inefficacité de la vitesse qui entraîne un faible nombre de transactions. Le système de "preuve de travail" du bitcoin prend généralement environ 10 minutes avant d'ajouter un nouveau bloc au réseau. À ce rythme, la blockchain ne réalise qu'environ 7 transactions par seconde (TPS).

- Les préoccupations des différents gouvernements concernant la réglementation des crypto-monnaies font qu'il est difficile pour le bitcoin de faire ses preuves dans le secteur financier. La confiance des grandes entreprises dans l'utilisation des crypto-monnaies sur leurs plateformes aide le bitcoin à progresser.

- L'histoire de l'utilisation du bitcoin pour le commerce illégal et les activités illicites rend les utilisateurs potentiels prudents quant à l'investissement de leur argent dans les cryptos.

À retenir L'objectif fondamental d'une blockchain est de permettre l'enregistrement et la distribution de données numériques. Le créateur du bitcoin, Satoshi Nakamoto, a construit le protocole du réseau sur une blockchain. Il l'appelait "un nouveau système de monnaie électronique entièrement pair-à-pair et sans tiers de confiance".

Les données ne peuvent pas être modifiées une fois qu'elles sont entrées dans le réseau du système. La blockchain a été introduite pour la première fois en 1991 par deux chercheurs, W. Scott Stonernetta et Stuart Haber, qui voulaient un système permettant de sécuriser l'horodatage des documents contre la falsification. Mais ce n'est que lors du lancement du bitcoin en janvier 2009 que la technologie blockchain a trouvé sa première application dans le monde réel.

La blockchain présente des caractéristiques qui lui confèrent son essence. Il s'agit d'un registre des paiements qui enregistre de manière transparente les transactions en espèces ainsi que les points de données. Elle est utile pour enregistrer et stocker de manière immuable d'autres formes de transactions telles que les inventaires de produits, les votes électoraux, les actes de propriété, les identifications d'état, et bien d'autres choses encore.

13

Extraire des crypto-monnaies

Dans les chapitres précédents, nous avons discuté de la façon dont vous pouvez acheter et vendre des crypto-monnaies. Nous allons maintenant nous pencher sur le processus de minage des crypto-monnaies.

Le minage est le processus d'ajout d'enregistrements de transactions à la blockchain, et est récompensé par des frais de transaction et de nouvelles pièces. Le processus de minage est également appelé "preuve de travail" et implique l'utilisation d'un ordinateur pour résoudre des problèmes mathématiques compliqués qui vérifient les transactions sur la blockchain. Il s'agit d'un processus complexe qui est recommandé aux utilisateurs avancés, et les personnes qui décident de s'engager dans cette voie doivent s'assurer que leur matériel utilise toujours les logiciels les plus récents.

Cependant, le minage est un processus très important qui est nécessaire au fonctionnement des crypto-monnaies. Ce chapitre donne un aperçu du minage des crypto-monnaies et explique comment vous pouvez commencer à miner des pièces par vous-même ou rejoindre un pool de mineurs. Nous aborderons également les différents coûts associés au minage de crypto-monnaies et expliquerons comment vous pouvez les éviter.

Définition du minage Le minage est le processus d'ajout d'enregistrements de transactions à la blockchain. Il s'agit de vérifier les transactions sur le réseau et de les ajouter au grand livre public, où elles sont stockées pour que tout le monde puisse les voir. Lorsqu'un mineur réussit à vérifier un bloc de transactions, il est récompensé par une certaine quantité de crypto-monnaie.

Avant de pouvoir commencer à miner des crypto-monnaies, vous devez d'abord investir dans du matériel de minage. Ce matériel est généralement appelé ASIC (Application Specific Integrated Circuits). Ces puces sont des ordinateurs très puissants qui sont conçus spécifiquement pour le minage de cryptocurrency.

Une fois que vous avez le bon matériel de minage, vous pouvez commencer à extraire des crypto-monnaies. Pour ce faire, vous devez résoudre des problèmes mathématiques complexes à l'aide du CPU ou du GPU de votre ordinateur. Si vous parvenez à résoudre ces problèmes, vous serez récompensé par une certaine quantité de pièces.

Le processus de minage des crypto-monnaies est très complexe et est souvent appelé "preuve de travail". Lorsqu'un utilisateur vérifie avec succès une transaction, il est récompensé par de nouvelles pièces ainsi que par des frais de transaction.

En outre, la preuve de travail est le processus par lequel les transactions sur un réseau blockchain sont vérifiées et ajoutées au grand livre public afin de former de nouveaux blocs sur la chaîne. Bien que ce processus puisse être réalisé par des ordinateurs, les ordinateurs qui effectuent ce travail sont généralement appelés "mineurs".

Les mineurs vérifient les transactions en résolvant des problèmes mathématiques complexes afin d'ajouter des blocs à la blockchain. Pour réussir à vérifier une transaction, les mineurs doivent trouver un hachage qui est inférieur à une certaine valeur. Ce nombre est déterminé par le réseau et est connu sous le nom de seuil cible.

Les avantages du minage de crypto-monnaies Si l'achat de crypto-monnaies auprès d'une bourse est un processus relativement simple, il est également coûteux. Dans ce cas, le minage est un processus qui permet aux particuliers d'extraire des crypto-monnaies à moindre coût. Ce processus vous permet de générer de nouvelles pièces sans avoir à les payer. En plus de cela, le minage est un excellent moyen d'apprendre comment fonctionne la technologie blockchain et peut être un moyen amusant et gratifiant de soutenir la communauté des crypto-monnaies.

Le minage de crypto-monnaies présente de nombreux autres avantages. Il s'agit notamment de :

1. Paiements de récompense automatiques L'un des principaux avantages du minage de crypto-monnaies est qu'il vous permet de recevoir des paiements de récompense automatiques pour votre travail. Lorsque vous extrayez des crypto-monnaies, vous recevez un nombre déterminé de pièces en guise de récompense. Cette récompense a lieu selon un calendrier fixe, et est généralement déterminée par le niveau de difficulté du minage. Par exemple, si vous extrayez une crypto-monnaie avec un temps de blocage de 10 minutes et un niveau de difficulté de 20 000 000, vous

recevrez une récompense de 2 pièces toutes les 10 minutes ou 20 pièces par heure. Cela signifie que vous gagnerez environ 40 USD par heure en ne faisant rien d'autre que de laisser votre ordinateur en marche 2. Réduction des coûts de transaction L'un des avantages les plus importants du minage de cryptocurrency est qu'il permet de réduire les coûts de transaction. Lorsque vous achetez des crypto-monnaies sur un marché d'échange, vous devez généralement payer des frais pour chaque transaction. Ces frais sont utilisés pour couvrir les coûts associés au fonctionnement et à la gestion de la plateforme d'échange plutôt que pour financer la production ou le développement de nouvelles pièces.

Bien qu'il soit impossible de savoir exactement combien une bourse gagne grâce aux frais de transaction, il est probable qu'elle ne tire pas plus de 10 % de ses revenus totaux de cette source. Cela signifie que vous serez facturé entre 4 et 40 USD pour chaque transaction que vous effectuerez. En plus de cela, les bourses peuvent également facturer des frais supplémentaires pour la conversion des devises lorsque vous souhaitez échanger une cryptocurrency contre une autre. Cela peut signifier que le coût total de l'achat d'une pièce peut atteindre 100 USD par pièce.

3. Diminution des frais d'exploitation Un autre grand avantage du minage de cryptocurrency est qu'il réduira vos frais d'exploitation. Lorsque vous extrayez des crypto-monnaies, tous vos coûts de matériel et d'électricité sont couverts par les pièces que vous recevez en récompense de votre travail. Cela signifie que vous n'avez pas besoin de dépenser de l'argent supplémentaire pour mettre en place une opération de minage.

Bien qu'il soit possible de miner des crypto-monnaies sans dépenser d'argent, vous devrez dépenser de l'argent pour le matériel, les logiciels et les coûts d'électricité. Cependant, cela peut être un investissement rentable si vous êtes en mesure de générer des profits avec votre opération de minage.

4. Risque réduit de fraude ou de manipulation Le processus d'achat de cryptocurrency à partir d'un échange s'accompagne d'un certain nombre de risques qui ne sont pas associés au minage de cryptocurrency. En effet, vous n'avez pas le contrôle total du processus de transaction lorsque vous achetez auprès d'une bourse, ce qui signifie qu'il existe un risque que la bourse puisse vous escroquer d'une manière ou d'une autre ou manipuler le prix de la pièce afin de réaliser un profit. Ce n'est pas quelque chose dont vous devez vous soucier lorsque vous achetez directement à une autre personne en utilisant un marché d'échange comme LocalBitcoins.

5. Facile à mettre en place Un autre grand avantage du minage de crypto-monnaies est qu'il est facile à mettre en place. Vous n'aurez besoin que de deux choses pour miner des crypto-monnaies, à savoir un ordinateur et un programme appelé "logiciel de minage". Beaucoup de ces

programmes sont disponibles gratuitement en ligne, mais vous pouvez également acheter le logiciel auprès d'une bourse si vous préférez.

6. Une opportunité de gagner un revenu passif L'avantage le plus important du minage de crypto-monnaies est qu'il offre une opportunité aux individus de gagner un revenu passif. Cela signifie que vous n'avez pas besoin de travailler pour gagner de l'argent grâce au minage ; votre matériel de minage générera des revenus pour vous pendant que vous êtes au travail ou en vacances.

Les inconvénients du minage de crypto-monnaies Si le minage de crypto-monnaies est un excellent moyen de soutenir la communauté des crypto-monnaies et de réduire vos coûts de transaction, il n'est pas sans inconvénients. Voici quelques-uns des principaux inconvénients du minage de crypto-monnaies :

1. Coûts d'investissement initiaux élevés Le plus grand inconvénient du minage de crypto-monnaies est qu'il peut être très coûteux. Pour commencer à miner, vous devrez investir dans du matériel et des logiciels de haute qualité, et vous devrez également vous assurer que cet équipement fonctionne à tout moment pour éviter de perdre de l'argent.

2. Le risque d'attaques de hachage et d'attaques de minage de pool Le processus de minage de crypto-monnaies nécessite l'utilisation d'un ordinateur pour résoudre des problèmes mathématiques complexes. Bien que ce processus soit très complexe, il peut être facilement perturbé par une "attaque de hachage". Il s'agit d'une tentative par un ou plusieurs individus de miner des crypto-monnaies sans valider les transactions sur la blockchain. En tentant d'ajouter de nouveaux blocs en dehors du réseau, ils peuvent prendre le contrôle d'une grande partie de la puissance de hachage de la blockchain, ce qui pourrait être utilisé à des fins telles que la double dépense ou la modification des enregistrements de transactions afin de voler des fonds à d'autres utilisateurs.

C'est pourquoi il est important que les mineurs restent vigilants et connectés avec le reste de leur réseau lorsqu'ils extraient de la cryptocurrency. En outre, les pools de minage peuvent également être attaqués par un individu disposant d'une grande puissance de minage. C'est ce qu'on appelle généralement une "attaque de pool minier", qui consiste à tenter de prendre le contrôle de la majorité de la puissance d'extraction d'un pool minier donné. Une fois qu'un attaquant est en mesure de prendre le contrôle d'une grande partie de la puissance du réseau, il peut être en mesure d'effectuer des doubles dépenses ou d'autres activités malveillantes sur le réseau.

3. Coûts énergétiques et pertes de matériel Le processus de minage de crypto-monnaies exige que les mineurs utilisent du matériel spécialisé qui peut générer beaucoup de chaleur tout en effectuant des calculs mathéma-

tiques complexes. Bien que cela puisse être très efficace pour maintenir votre matériel en fonctionnement pendant de longues périodes, cela peut également entraîner d'autres problèmes tels que l'augmentation des coûts énergétiques et des dommages matériels. En plus de cela, les mineurs devront garder leur matériel au frais pendant qu'ils minent des crypto-monnaies, ce qui peut également augmenter considérablement leurs coûts.

4. Beaucoup de connaissances techniques Le processus de minage de crypto-monnaies nécessite beaucoup de connaissances techniques, et il peut être très difficile pour les nouveaux utilisateurs de se lancer. En plus de cela, les mineurs qui réussissent devront suivre les derniers développements dans la communauté des crypto-monnaies et s'assurer qu'ils utilisent toujours les logiciels les plus récents. C'est pourquoi il est important pour les nouveaux utilisateurs de rejoindre un pool de minage ou d'acheter leur propre matériel. Même avec ces mesures en place, il existe encore de nombreux risques associés au minage de crypto-monnaies, c'est pourquoi il est souvent préférable de se concentrer sur d'autres moyens de gagner de l'argent avec les crypto-monnaies.

5. Le minage de crypto-monnaies peut être difficile pour les nouveaux utilisateurs Le minage de crypto-monnaies peut être difficile pour les nouveaux utilisateurs car ils devront s'assurer que leur équipement fonctionne à tout moment et qu'il est connecté avec d'autres mineurs sur leur réseau. En outre, les mineurs devront également utiliser du matériel spécialisé qui coûte très cher afin de gagner suffisamment d'argent pour couvrir leurs frais. Ces facteurs font du minage de crypto-monnaies un défi pour les nouveaux utilisateurs, bien qu'il s'agisse d'un excellent moyen de gagner de l'argent si vous disposez des compétences et des ressources nécessaires.

Les différents types de mineurs et leur objectif Le minage de crypto-monnaies est un processus qui nécessite un investissement dans du matériel et des logiciels de minage spécialisés. L'objectif de ces appareils est de résoudre les problèmes mathématiques complexes qui sont nécessaires pour vérifier les transactions sur la blockchain.

Il existe trois principaux types de mineurs en fonction de leur objectif. Ce sont :

Miners CPU/GPU Ces miners existent depuis le début des crypto-monnaies, et ils sont toujours le moyen le plus populaire et le plus rentable de miner des pièces. Ils sont faciles à installer et à utiliser, surtout pour les débutants, mais ils ne sont pas aussi rapides que les plateformes minières spécialisées. Leurs caractéristiques de conception les rendent plus efficaces pour résoudre des problèmes mathématiques et faire un travail utile, mais ils ne peuvent pas rivaliser avec la vitesse des plateformes minières spécialisées.

Les mineurs FPGA Ce type de mineur est une carte informatique personnalisée conçue pour résoudre des problèmes mathématiques en utilisant moins d'énergie que son homologue CPU/GPU. Les mineurs FPGA peuvent être utilisés en même temps que les mineurs CPU/GPU pour augmenter la vitesse, mais ils ne sont pas forcément aussi efficaces que d'autres plateformes minières spécialisées.

Machines à sous ASIC Il s'agit du type de machine à sous le plus puissant disponible aujourd'hui et il est conçu pour résoudre les problèmes mathématiques plus rapidement que les machines à sous CPU/GPU et FPGA. Les mineurs ASIC sont des cartes informatiques personnalisées qui comportent une série de puces conçues pour résoudre des problèmes mathématiques complexes. Ce type de mineur est très coûteux et difficile à configurer, et il ne peut être utilisé que pour le minage de crypto-monnaies. Par conséquent, les mineurs ASIC ne sont pas recommandés pour les débutants.

Pools miniers et Cloud Mining Outre les trois différents types de mineurs, il existe d'autres types de minage que vous devez connaître pour différentes cryptocurrences. Afin d'empêcher les individus de monopoliser le processus de minage, les transactions en crypto-monnaies sont conçues pour nécessiter une quantité massive de puissance de traitement. En tant que tel, il est devenu de plus en plus difficile pour la plupart des gens de miner des crypto-monnaies par eux-mêmes, car ils n'ont tout simplement pas accès au matériel nécessaire.

Au lieu de cela, de nombreuses personnes choisissent de "mettre en commun" leurs ressources avec d'autres mineurs, et tous les mineurs individuels combinent leur puissance de calcul afin de miner un seul bloc. Lorsque cela se produit, les mineurs individuels sont alors récompensés par une partie des pièces nouvellement minées, proportionnelle à la puissance de traitement qu'ils ont fournie au pool.

Pools miniers Lorsque l'on extrait des crypto-monnaies, il est essentiel de rejoindre un pool. Avec cette option, plusieurs mineurs se réunissent pour résoudre des problèmes afin de gagner des récompenses en crypto-monnaies. C'est une option plus facile que de travailler en solo, car les mineurs qui travaillent seuls ne peuvent utiliser que leur propre matériel et peuvent rencontrer des problèmes lorsqu'il s'agit de gagner les récompenses qu'ils souhaitent.

Les pools sont bénéfiques car ils permettent aux mineurs de combiner leurs ressources avec d'autres membres qui travaillent dans le même but. Plus il y a de personnes impliquées dans un pool, meilleurs sont les résultats pour tous les membres impliqués. Cependant, cela signifie que les membres doivent partager leurs récompenses de manière égale entre tous les participants en fonction de la quantité de "travail" que chaque membre a contribué, ce qui peut parfois être problématique pour les membres et l'opérateur du pool.

Le cloud mining Le cloud mining est une excellente option pour les personnes qui découvrent les crypto-monnaies, car il permet aux utilisateurs d'acheter de l'énergie minière à une société qui se chargera de miner pour eux. Cela signifie que tout ce que vous avez à faire est d'acheter le pack de cloud mining que vous voulez, puis de laisser les professionnels s'occuper du reste. Cependant, cette méthode n'est recommandée qu'aux personnes ayant une expérience des crypto-monnaies, car elle peut être coûteuse et risquée si vous ne savez pas ce que vous faites.

Le cloud mining est l'un des moyens les plus faciles pour vous de commencer à miner des crypto-monnaies sans avoir à acheter de matériel. Cela vous permettra de gagner de l'argent sans avoir accès à du matériel coûteux, et sans être lié par des factures d'électricité élevées. Lorsque vous investissez dans des crypto-monnaies, vous devez toujours vous assurer que vos fonds sont stockés dans un endroit sûr et que vous sauvegardez régulièrement votre portefeuille. Dans le cas du cloud mining, vous n'avez pas besoin de stocker vos fonds ou de les garder en sécurité par vous-même - la société le fera pour vous. Cependant, investir dans les crypto-monnaies vous permet de gagner de l'argent dès maintenant - au lieu d'attendre que l'argent soit généré par le cloud mining.

Les risques liés à l'extraction de crypto-monnaies Le processus d'extraction de crypto-monnaies est très risqué, car il peut consommer une grande quantité d'électricité. Cela est dû au fait que le minage implique l'utilisation d'un ordinateur pendant de longues périodes, ce qui peut consommer beaucoup d'énergie. De plus, la difficulté du minage des crypto-monnaies ne cesse d'augmenter (avec l'arrivée de nouveaux mineurs sur le marché), ce qui signifie que vous aurez besoin de plus en plus de puissance de calcul pour être compétitif.

En outre, de nombreux mineurs rejoignent désormais des pools afin de collecter des récompenses en masse et de percevoir plus facilement un revenu de leurs efforts de minage. Cela peut être très bénéfique, mais cela signifie également que les mineurs individuels ont moins de chances de recevoir des récompenses pour leurs efforts.

Enfin, certains criminels ont profité de l'intérêt des gens pour les crypto-monnaies en créant des logiciels malveillants qui informent les utilisateurs qu'ils ont été infectés par un virus et qu'ils doivent acheter un logiciel pour le supprimer. Ces programmes sont faux et ont été conçus dans un seul but : vous voler votre argent.

Pour éviter que des logiciels malveillants n'infectent vos systèmes et ne vous volent votre argent, vous devez toujours utiliser un programme antivirus fiable et travailler avec une société réputée.

Les raisons pour lesquelles vous devez miner des crypto-monnaies Il y a quelques raisons pour lesquelles vous devez et ne devez pas miner des crypto-monnaies. Examinons d'abord les raisons pour lesquelles vous devriez exploiter des crypto-monnaies.

1. Pour gagner de l'argent Si vous voulez gagner de l'argent, alors le minage est l'un des meilleurs moyens de le faire. De nombreuses personnes ont pu quitter leur emploi en exploitant des crypto-monnaies à plein temps, et ceux qui veulent gagner de l'argent avec leurs investissements devraient envisager cette option. Cependant, pour réussir, vous aurez besoin d'une grande puissance de calcul et de logiciels à jour.

2. Aider à financer le développement de la blockchain Si vous êtes intéressé par la technologie de la blockchain mais que vous préférez ne pas investir dans la monnaie numérique, vous pouvez choisir de miner des pièces à la place. Le processus de minage est également crucial pour le développement des crypto-monnaies, car il apporte une puissance de hachage importante qui est utilisée pour vérifier les transactions sur la blockchain. Comme ce processus est très complexe et nécessite une grande puissance de traitement, il garantit que personne ne peut facilement pirater le réseau et effectuer des transactions frauduleuses.

3. Pour aider à maintenir la décentralisation L'un des plus grands avantages des crypto-monnaies est qu'elles sont décentralisées, ce qui signifie que personne ne peut en prendre le contrôle ou manipuler leur valeur. S'il y a trop de pools de minage ou si les gens se désintéressent du minage, le réseau devient trop centralisé, ce qui réduit sa sécurité globale. Bien que vous ne soyez pas obligé de miner pour soutenir le réseau, il est important de soutenir ce processus afin de s'assurer que la crypto-monnaie reste décentralisée.

4. Pour expérimenter différentes crypto-monnaies Lorsque vous décidez de miner des crypto-monnaies, vous aurez accès à un "portefeuille numérique" unique qui vous permettra de stocker et d'utiliser différentes devises sans avoir à les acheter par le biais d'un échange. Cela vous donne une excellente occasion d'expérimenter différents types de pièces sans perdre d'argent, ce qui est particulièrement utile s'ils prévoient d'acheter des devises numériques dans un avenir proche.

5. Pour soutenir le réseau dans lequel vous êtes actuellement investi Si vous avez investi dans un réseau spécifique, vous pouvez choisir de miner sa monnaie afin de le soutenir. Dans le même temps, si la valeur de votre monnaie numérique a atteint un niveau record et que vous envisagez de la vendre, l'extraction de pièces supplémentaires peut vous aider à augmenter vos bénéfices sans prendre de risque supplémentaire.

Avec autant de bonnes raisons de miner des crypto-monnaies, il n'est pas surprenant que ce soit l'une des stratégies d'investissement les plus populaires dans le monde aujourd'hui. Cependant, il existe également quelques raisons pour lesquelles vous ne devriez pas exploiter les crypto-monnaies.

Si vous avez décidé de miner des crypto-monnaies, vous aurez besoin de beaucoup de matériel pour vous assurer que votre plateforme minière est suffisamment puissante pour effectuer des transactions sur la blockchain. Cela signifie que si vous prévoyez de miner une monnaie spécifique, vous aurez besoin d'un ordinateur avancé capable d'exécuter plusieurs cartes graphiques et autres processeurs. Dans de nombreux cas, cela signifie également que vous aurez besoin d'une pièce dédiée ou même d'un bâtiment pour stocker votre matériel. Même si vous choisissez d'investir dans l'exploitation minière en nuage, cette stratégie d'investissement entraînera toujours des coûts importants.

Pour la plupart des gens, le processus d'exploitation minière peut prendre des mois, voire des années, avant de générer un bénéfice. Même si vous réussissez, la valeur de vos pièces peut baisser considérablement si le marché des crypto-monnaies connaît une baisse soudaine.

Le processus de minage est également extrêmement complexe et nécessite une surveillance constante pour s'assurer que toutes les transactions sont correctement vérifiées. Si vous perdez la trace d'une transaction, alors il y a une chance qu'elle soit rejetée par la blockchain ou qu'elle soit dépensée deux fois.

Les programmes de crypto-monnaies Il existe de nombreux types de crypto-monnaies disponibles aujourd'hui, et chacune de ces monnaies fonctionne sur sa propre blockchain unique. Parmi les crypto-monnaies les plus populaires figurent le BitCoin, l'Ethereum, le LiteCoin et le Ripple. Chacune de ces monnaies possède une blockchain différente, qui est créée à l'aide d'un logiciel de minage différent.

Si vous êtes intéressé par le minage de crypto-monnaies, vous devez vous assurer que vous utilisez le bon programme pour la blockchain qui supporte la monnaie que vous avez choisie. Parmi les logiciels de minage les plus populaires figurent Minergate, CCMiner, CGMiner et BFGMiner. Bien entendu, chacun de ces programmes fonctionne sur sa propre plateforme et possède son propre ensemble de fonctionnalités.

Le facteur le plus important à prendre en compte lorsque vous recherchez un logiciel de minage est de savoir s'il prend en charge la blockchain spécifique qui supporte la cryptocurrency que vous avez choisie. En plus de cela, vous devrez également examiner le coût de fonctionnement du logiciel de minage et les avantages supplémentaires qu'il pourrait offrir.

Dans certains cas, il vous sera possible de miner plusieurs devises à l'aide d'un seul programme. Cependant, l'extraction de différentes devises à l'aide d'un seul programme peut être complexe et peut causer des problèmes si certains de vos paramètres ne sont pas configurés correctement. Par conséquent, il est toujours conseillé aux débutants d'utiliser un logiciel de minage distinct pour chaque crypto-monnaie.

Minergate Minergate a été créé en 2014 et est l'un des logiciels de minage les plus populaires disponibles aujourd'hui. Le programme peut être utilisé pour miner une variété de monnaies différentes, notamment BitCoin, Ethereum, LiteCoin et Ripple.

Minergate prend également en charge un large éventail de GPU et de CPU et est conçu pour fournir un minage sécurisé sur sa plate-forme basée sur l'interface graphique. Ils offrent également une assistance 24/7 à leurs utilisateurs, ce qui garantit qu'ils peuvent toujours recevoir de l'aide pour tout problème qu'ils rencontrent.

Minergate est également facile à utiliser, et la société offre des guides détaillés pour tous ses utilisateurs. En outre, la plate-forme est régulièrement mise à jour avec de nouvelles fonctionnalités, ce qui améliore encore la fonctionnalité du logiciel. Minergate est disponible pour les systèmes d'exploitation Windows, Mac OS X et Linux.

CCMiner CCMiner a été créé par Christian Buchner en 2013 et est l'un des logiciels miniers les plus populaires disponibles aujourd'hui. Le programme est open source et prend en charge un large éventail de matériels différents, notamment les CPU et les GPU.

CCMiner prend également en charge les GPU Nvidia et AMD. Le logiciel est aussi régulièrement mis à jour avec de nouvelles fonctionnalités, ce qui lui permet de rester compétitif dans l'industrie minière. En outre, CCMiner utilise une interface de ligne de commande pour effectuer ses calculs, ce qui peut être utile pour les utilisateurs avancés qui sont habitués à utiliser des interfaces de ligne de commande.

BFGMiner BFGMiner a été créé par Con Kolivas en 2015, et est un autre logiciel minier populaire que vous pouvez utiliser aujourd'hui. Le programme est open source et prend en charge les GPU AMD et Nvidia ainsi que les processeurs. Il offre également un support pour un large éventail de différents algorithmes qui peuvent être utilisés pour miner différents types de crypto-monnaies, notamment Scrypt-N, SHA-256d, CryptoNight et Qubit.

Vous pouvez également utiliser le programme pour miner plusieurs devises en même temps. Le programme utilise également une interface très simple qui est facile à utiliser pour les débutants, et il est disponible pour les systèmes d'exploitation Windows et Mac OS X. Cependant, vous devrez télécharger le code source si vous souhaitez utiliser le programme sur les systèmes d'exploitation Linux.

CGMiner Enfin, nous nous intéresserons à CGMiner, qui a été créé par Con Kolivas en 2011. Le programme est open source et prend en charge à la fois les CPU et les GPU. En plus de cela, vous pouvez également utiliser le programme pour miner des pièces basées sur Scrypt ainsi que des pièces SHA-256d.

En outre, vous pouvez également utiliser le programme pour extraire plusieurs devises en même temps. Le programme utilise également une interface très simple qui est facile à utiliser pour les débutants, et il est disponible pour les systèmes d'exploitation Windows, Mac OS X et Linux.

Comment extraire des crypto-monnaies Maintenant que nous avons abordé les bases des crypto-monnaies, voyons comment vous pouvez commencer à extraire de nouvelles pièces.

Étape 1 :

Choisissez une crypto-monnaie La première étape du processus consiste à décider de la crypto-monnaie pour laquelle vous souhaitez extraire des fonds. Vous devrez ensuite vous assurer que votre matériel est compatible avec le réseau, et vous devriez vérifier certaines des différentes options disponibles sur le marché aujourd'hui.

Étape 2 : Installer le logiciel Une fois que vous avez décidé du type de crypto-monnaie que vous souhaitez exploiter, vous devez télécharger le logiciel qui vous permettra d'exploiter la monnaie souhaitée. Le logiciel fonctionne en connectant votre ordinateur à un réseau de crypto-monnaies et lui permet de résoudre des problèmes mathématiques sur ce réseau afin d'obtenir de nouvelles pièces en récompense. Ce type de logiciel est conçu pour les utilisateurs avancés, et les personnes intéressées par le minage de cryptocurrency doivent s'assurer que leur ordinateur dispose d'une puissance de traitement et d'une mémoire suffisantes. L'avantage de ce logiciel est qu'il est entièrement gratuit et que les utilisateurs peuvent également l'utiliser pour miner d'autres crypto-monnaies avec différents réseaux.

Étape 3 : Rejoignez un pool minier Une fois que vous avez téléchargé le logiciel approprié, vous devez rejoindre un pool minier. Un pool minier est un groupe de mineurs qui travaillent ensemble afin de résoudre des problèmes mathématiques sur le réseau. Une fois ces problèmes résolus, la récompense sera partagée entre tous les membres du pool minier en fonction du travail qu'ils ont fourni. Il s'agit d'un excellent moyen pour les débutants de se lancer dans le minage de crypto-monnaies, et permet à quiconque de participer au processus, indépendamment de ses connaissances informatiques ou de son niveau d'expérience.

Étape 4 : Commencer le minage Une fois que vous avez terminé les étapes précédentes, vous pouvez commencer à miner des crypto-monnaies. Maintenant que votre ordinateur est connecté à un pool minier, il travaillera avec d'autres mineurs afin d'effectuer des transactions sur le réseau. Ce processus se poursuivra jusqu'à ce que vous atteigniez un seuil où votre matériel ne pourra plus gérer les problèmes mathématiques complexes, et à ce moment-là, vous ne pourrez plus extraire de pièces. La bonne nouvelle, c'est que ce seuil augmente avec le temps en raison des améliorations technologiques, il vaut donc la peine d'essayer ce processus sur votre propre appareil.

Étape 5 : Continuez à miner Après avoir rejoint un pool minier, vous devrez garder votre ordinateur connecté et en marche afin de recevoir vos récompenses. Il est important de se rappeler qu'il s'agit d'un processus à long terme qui nécessite des efforts constants si vous voulez en tirer un quelconque profit. Rappelez-vous qu'il existe de nombreuses crypto-monnaies différentes disponibles aujourd'hui, alors assurez-vous de faire vos recherches, commencez à en miner une et regardez votre richesse croître.

14

Erreurs de débutant à éviter lors du trading de bitcoin

Tout comme les autres compétences, le trading est une compétence qui nécessite d'innombrables heures pour s'exercer et maîtriser les techniques. Il comporte des règles de base qui aident les traders à éviter les risques financiers graves et à perdre de l'argent réel. Si vous êtes sur le point de vous lancer dans votre voyage cryptographique, il est préférable de vous rappeler à nouveau les erreurs courantes auxquelles les débutants sont confrontés au début du trading. Pour vous aider à éviter les pièges courants qui font trébucher et tomber beaucoup de gens, voici une liste à consulter.

Erreurs de trading courantes auxquelles vous devez faire attention 1- Ne pas avoir de plan directeur.

Vous avez besoin d'un plan de trading qui sera votre guide pour réussir dans le trading. Avoir un plan prêt avant de vous aventurer dans le trading de bitcoins peut vous aider à minimiser les pertes et à atteindre votre objectif financier. S'il est vrai que le trading comporte un risque, savoir quand entrer dans certaines transactions et quand en sortir pour réduire les pertes vous rendra plus compétent et plus prêt. Votre plan doit inclure le montant du capital de négociation et la perte maximale que vous pouvez vous permettre de subir. Un débutant sans plan risque de commettre de nombreuses erreurs.

2- Se lancer dans le trading sans bien comprendre comment il fonctionne.

Bien que le trading de bitcoins soit fascinant, il s'agit d'une activité risquée qui peut vous coûter de l'argent si elle n'est pas gérée correctement. Il s'agit d'un terrain de jeu tentant et instructif pour les nouveaux joueurs ou traders, mais se jeter à l'eau sans faire d'effort sur le fonctionnement du trading de bitcoins conduit souvent à des résultats non désirés. Il est essentiel de suivre les étapes requises, comme faire vos propres recherches, apprendre comment cela fonctionne pour vous, et tirer les leçons.

N'oubliez pas que vous allez échanger de l'argent, votre argent virtuel qui correspond à une partie de votre richesse. Il s'agit peut-être d'un petit montant, mais le perdre peut être douloureux et décevant. En outre, il est préférable de prendre vos propres décisions et d'éviter de vous fier à des personnes qui se disent "experts". Il s'agit de votre argent, alors si votre objectif est de vous impliquer dans le trading de crypto, apprenez à le gérer correctement.

3- Ne pas apprendre ses leçons.

Lorsque vous naviguez dans le monde du trading, il y a beaucoup de leçons qui feront de vous un meilleur trader. C'est un fait établi que personne n'a jamais réussi à éviter les pertes et à ne faire que des transactions rentables. Certaines tendances à la hausse et à la baisse se produisent constamment, en fonction des circonstances et des conditions qui entourent le trading. La meilleure chose à faire est d'apprendre vos leçons et de mieux trader au prochain tour. Explorez le marché des crypto-monnaies et comprenez les produits et leurs valeurs. Arrêtez d'écouter les "experts" en ligne qui revendiquent leur expertise. Travaillez avec des conseillers et des professionnels du trading crédibles lorsque vous avez besoin de conseils, mais comptez toujours sur vous-même lorsque vous achetez et vendez des crypto-monnaies.

4- Trader plus que ce que vous pouvez vous permettre de perdre.

Trader une énorme quantité d'actifs numériques est la plus grande erreur que les traders commettent. Cela ne garantit pas de grands profits à tout moment, mais place plutôt votre argent à un grand risque. Les marchés cryptographiques sont imprévisibles et vous pouvez finir par perdre votre capital et quitter l'arène, avant même de profiter de son véritable potentiel. Le raisonnement logique ici est de comprendre que la crypto-monnaie est extrêmement volatile et que les prix peuvent changer soudainement.

En tant que débutant, la clé d'un trading passionnant et confiant est de fixer un montant spécifique que vous pouvez vous permettre de perdre ou que vous vous sentez à l'aise de perdre. Chaque fois que vous vous retrouvez à accéder à plus que votre plafond, arrêtez-vous. Apprenez autant que vous le pouvez et augmentez lentement vos paris de trading pour éviter les pertes d'amplitude et la frustration.

5- Céder à l'avidité ou à la peur Comme je l'ai déjà mentionné, ces deux émotions fortes peuvent influencer les actions et les décisions des traders. La peur s'insinue lorsque vous entendez une rumeur ou lisez un article de presse inquiétant sur l'état du marché du trading de bitcoins. Elle est également présente lorsque vous êtes effrayé par le prix soudain du marché (qui peut être corrigé.) La cupidité est basée sur la peur, c'est-à-dire la peur de manquer quelque chose (FOMO). Elle est déclenchée lorsque vous entendez les gens dire ce qu'est la prochaine grande chose en bitcoin ou lorsque les prix augmentent de manière significative et que vous ne voulez pas être laissé en dehors de l'activité tendancielle. Ses manifestations incluent l'achat au maximum pour ne pas manquer d'important, la peur de perdre des bénéfices et la peur de manquer des ICOs prometteuses. Si vous êtes sujet à ces deux émotions, le meilleur moyen est de vous en tenir à votre plan d'action et de continuer à apprendre le processus de trading. Vous pouvez combattre ou gérer votre FOMO en créant votre propre ensemble de règles de trading ou en fixant une perte et un profit admissibles. Profitez du voyage en acceptant que dans le monde de la crypto, de nouvelles opportunités se présentent tous les jours, alors détendez-vous et allez au-delà de votre peur et de votre avidité.

6- Prendre des décisions sur la base d'une excitation émotionnelle et d'informations non confirmées Tout le buzz positif autour du bitcoin et des crypto-monnaies peut facilement mettre vos émotions à fleur de peau et vous piéger en prenant des décisions de trading que vous regretterez plus tard. La célèbre phrase "ne prenez jamais de décisions lorsque vous êtes émotif" vous sera utile pendant cette période d'excitation. Bien qu'il s'agisse de merveilleuses nouvelles, elles peuvent être exagérées et encore non confirmées.

Connaissez la vérité des rapports en suivant des sources crédibles de nouvelles et d'informations sur les crypto-monnaies. Les tweets et les flux des médias sociaux peuvent être trompeurs, surtout lorsqu'ils proviennent d'"experts" aux opinions tranchées et de chaînes payées par la publicité. Revérifiez toujours les données et fiez-vous à votre plan de trading.

7- Laisser son argent sur un échange La règle de base du crypto-trading est de ne jamais laisser son argent sur un échange, que vous négociiez actuellement avec lui ou non. Laisser l'argent sur un marché boursier signifie perdre le contrôle direct de celui-ci. Que se passe-t-il si le marché d'échange fait faillite, est hors ligne ou est piraté ? Les chances de récupérer votre argent sont limitées et vous finirez par tout perdre. Veillez à transférer votre argent dans votre portefeuille Bitcoin et à l'utiliser lorsque vous avez besoin d'échanger.

8- Ne pas se tenir bien informé sur les marchés de crypto Tout ce qui concerne les prix des crypto-monnaies dépend des nouvelles. Veillez donc à suivre chaque tendance, chaque nouvelle et chaque mise à jour, notamment en termes de réglementation et d'escroqueries à grande échelle. Ils peuvent affecter de manière significative les prix des crypto-monnaies. Sans savoir ce qui se passe, vous ne saurez jamais pourquoi votre portefeuille d'investissement est en hausse ou en baisse certains jours.

9- Suivre les conseils de trading de personnes que vous ne connaissez pas Une autre erreur que les débutants font généralement est d'agir sur ce que les gens disent sur les médias sociaux ou les forums de trading. Il est facile de croire les astuces et les conseils des "experts" qui revendiquent leur succès dans le trading de bitcoins. Sans que vous le sachiez, ces inconnus font partie des magouilleurs de la pompe et du dumping qui vantent leurs bitcoins.

10- Ne pas faire de la cybersécurité une priorité Les marchés cryptographiques sont toujours dans le collimateur des cybercriminels et des escrocs qui veulent s'emparer des avoirs. Assurez-vous d'avoir au moins des mesures de sécurité de base pour votre portefeuille numérique et votre compte de négociation afin d'éviter qu'ils ne soient compromis. Choisissez des bourses dotées de protocoles de cybersécurité solides et utilisez une authentification à deux facteurs. Ne cliquez jamais sur la pièce jointe ou le lien envoyé par un expéditeur de courriel inconnu et ne parlez pas de vos avoirs lorsque vous participez à des fils de médias sociaux et à des forums en ligne sur les crypto-monnaies.

11- Ne pas choisir un portefeuille de crypto-monnaies sécurisé Il s'agit d'une exigence de base que vous devez respecter. Ne stockez jamais vos pièces dans un portefeuille bitcoin non fiable et non sécurisé, quelle que soit sa popularité. Cela vous évitera des problèmes et des situations indésirables pendant vos activités de trading. Prenez le temps de choisir le portefeuille idéal pour vous.

Il existe des milliers de portefeuilles de crypto-monnaies en ligne, alors assurez-vous de rechercher celui qui correspond à vos besoins et à vos objectifs. Vérifiez également s'ils fonctionnent dans votre région. Les meilleurs sont accessibles partout dans le monde si vous voyagez beaucoup. Vous ne voudriez pas manquer les mouvements passionnants du marché lorsque vous êtes en déplacement. Un portefeuille numérique réputé et hautement sécurisé vous épargnera des tracas et du stress inutiles.

12- Faire du trading sur marge ou à effet de levier trop tôt Le trading sur marge ou à effet de levier est une arme à double tranchant qui peut vous apporter de grands profits et de grandes pertes. Il n'est pas recommandé aux débutants en raison de ses risques. De nombreux courtiers proposent cette option aux traders, mais c'est un moyen sûr de perdre rapidement votre argent. Elle implique d'emprunter de l'argent pour négocier.

Toutefois, si vous voulez essayer d'explorer cette option, commencez doucement en n'utilisant pas un levier bitcoin supérieur à 1:5. Ne vous laissez pas influencer par l'excitant effet de levier de 1:1000 offert par le courtier pour éviter une perte énorme si vos attentes ne sont pas en votre faveur.

13- Avoir un petit capital Bien qu'il soit nécessaire d'avoir d'énormes actifs numériques pour commencer à trader, il est important d'avoir un capital suffisant. Il doit s'agir d'un compte séparé de votre fonds de base et de vos dépenses courantes pour éviter les problèmes et les complications. Bien que vous espériez augmenter vos actifs en bitcoins dans le trading, il est nécessaire de se rappeler que le trading est un risque qui peut ne pas répondre à vos attentes. Si vous avez sérieusement l'intention de devenir un trader crypto professionnel, investissez suffisamment de capital pour soutenir votre entreprise.

14- Agir sur les indicateurs et les modèles de trading sans faire d'analyse fondamentale Certains débutants s'appuient sur les appels de pompe/dépôt de leurs groupes crypto sur Discord ou Telegram. Ils tradent en se basant sur les "signaux" des admins qui se disent "gourous" du trading de bitcoins. Cela peut fonctionner avec des petits groupes professionnels dirigés par un pro -trader hautement éthique. Ce type de groupe compte moins de 20 utilisateurs et vous payez pour votre adhésion, mais jamais sur de grands groupes avec des milliers de participants.

Ces appels sont basés uniquement sur des hypothèses et des projections. Si vous n'avez pas les compétences et les connaissances de base nécessaires pour interpréter ces indicateurs, vous risquez d'être déçu lorsque la situation commerciale change. Apprenez à faire votre propre analyse fondamentale. Cela peut être déroutant pour les traders débutants, mais c'est indispensable. Elle vous aidera à déterminer la véritable valeur du bitcoin et à éviter de nombreuses erreurs de trading. L'analyse fondamentale consiste à évaluer les aspects clés de la technologie sous-jacente de la crypto, les mouvements de prix, l'adoption par les utilisateurs, la demande et l'offre, l'économie des jetons, l'équipe de direction et les perspectives d'avenir.

15- Faire un trading de revanche Comprenez que les pertes sont inévitables dans le trading de crypto. De nombreux débutants essaient de réduire leurs pertes en effectuant une transaction par vengeance. Ils agissent sur leur frustration et leur peur de la diminution des fonds et tentent de récupérer ce qu'ils ont perdu. Ce type de comportement est hautement toxique et peut rendre votre parcours de trading très stressant. N'oubliez pas que personne n'a jamais gagné à 100 %, quel que soit le type de négociation. Abstenez-vous de prendre des positions plus risquées après avoir perdu.

Soyez toujours attentif au ratio risque/récompense :
récompense pour que votre portefeuille reste sain et positif. Les débutants devraient commencer avec un ratio risque-récompense de 1:2. Par exemple, pour chaque 100 $ que vous négociez (risque), vous visez un rendement minimum de 200 $ (récompense). Les traders avancés suivent généralement les ratios risque-récompense de 1:3 et 1,5. Le respect d'un ratio clairement défini vous permet d'éviter le trading émotionnel ou de faire des transactions plus risquées. Même si vous perdez successivement des transactions, votre portefeuille restera positif à long terme.

16- Suivre aveuglément la foule Les traders inexpérimentés suivent généralement le troupeau car ils ne sont pas assez confiants pour suivre leur propre instinct. Cela les amène à payer plus que le prix habituel de la pièce ou à rester dans la transaction plus longtemps que nécessaire. Contrairement aux traders chevronnés qui choisissent de sortir d'une transaction lorsqu'elle devient trop encombrée, les novices se fient aux opinions des autres traders.

Développez votre propre style de négociation en étudiant les mouvements du marché et les propriétés uniques de votre pièce. Vous réaliserez bientôt que la plupart des traders qui réussissent ont leur propre style distinct qui est basé sur la recherche, l'analyse et la mise à jour des tendances dans l'industrie cryptographique.

17- Ne pas fixer votre stop loss Le stop-loss est un outil vital dans la gestion du risque. C'est le saint graal des traders crypto expérimentés et performants. Il est efficace pour empêcher les débutants de se lancer dans le trading à cause de l'idée de gagner une somme d'argent qui changera leur vie. Un stop-loss permet de minimiser vos pertes lorsque le trade attendu ne se produit pas. Ne pas utiliser cet outil de gestion des risques est l'une des plus grandes erreurs que vous faites lorsque vous commencez votre voyage de trading. Choisissez un échange de crypto qui offre une fonction stop-loss et utilisez-la pour éviter beaucoup de déceptions.

18- Trading à cause de nombreuses offres actives Les débutants tombent généralement dans le piège des offres actives qui offrent des profits instantanés et énormes. Pour cette raison, ils négocient de nombreuses paires pour gagner de multiples revenus. Mais le surtrading n'est pas la clé, mais le timing du marché. Cela signifie que lorsque les prix des cryptos montent et descendent en spirale, décidez à partir de là.

Trader le bitcoin ou toute autre crypto-monnaie n'est pas un sprint, mais un marathon. Vous avez plus de chances de gagner lorsque vous continuez à améliorer vos compétences au lieu de trader avec impatience.

19- Ne pas maintenir l'équilibre du portefeuille Si vous voulez réussir dans le domaine du bitcoin, assurez-vous d'avoir un portefeuille équilibré. Allouez une certaine partie de votre richesse en crypto comme 10%. Ensuite, votre portefeuille de crypto devrait refléter les pourcentages d'investissements Bitcoin, Bitcoin Cash, et le capital de négociation Bitcoin. Le bitcoin cash est un dérivé du bitcoin qui est une monnaie virtuelle autonome. Elle possède ses propres règles de fonctionnement et sa propre blockchain.

Il est judicieux de consacrer 70 % de ses avoirs en bitcoins à long terme, 15 % à la négociation et 15 % aux liquidités. Négociez en utilisant vos 15% et n'allez pas au-delà. Rééquilibrer votre portefeuille peut être difficile si vous dépassez votre budget de négociation. Cela peut vous obliger à vendre la classe d'actifs la plus performante et à vous contenter de la classe d'actifs la moins performante ou la moins performante.

20- Ne pas voir le Profit-Perte comme un pourcentage de Gain-Perte Les débutants en crypto trading voient généralement le profit et la perte comme leur gain absolu, au lieu du pourcentage de gain ou de perte. Cette erreur classique rend beaucoup de novices frustrés et dépassés. Apprenez à voir chaque transaction comme un pourcentage d'amélioration et vous aurez bientôt une vision plus claire de vos profits et pertes.

21- Vendre lors des pics de prix Les débutants seraient tentés de vendre une fois que le prix du bitcoin a atteint son pic. Par exemple, vous avez acheté une pièce pour 200 $ et le prix a grimpé à 1 200 $. Si vous la vendez maintenant, vous avez un bénéfice de 1 000 $. C'est cool, non ?

Mais les traders et les investisseurs expérimentés savent que le jeton va croître, alors ils le conservent et s'abstiennent de le vendre. Après plusieurs années, il s'échangera à plus de 10 000 $. Pour vendre vos jetons, créez une stratégie et faites-la. Ne soyez pas trop excité et ne vendez pas vos avoirs d'un seul coup lorsque vous pensez que le prix est à son niveau maximum. La patience est vraiment une vertu dans le trading de Bitcoin si vous voulez un retour sur investissement multiple.

22- Payer des frais de transaction élevés Restez à l'écart des courtiers ou des bourses dont les frais de courtage sont élevés. Ils mangeront une partie considérable de vos bénéfices ou de votre capital. Trouvez un courtier qui offre un volume élevé, de la liquidité et des frais de négociation faibles. Il vous aidera à faire croître votre fonds de trading de manière exponentielle.

23- Oublier l'impôt Lorsque le bitcoin s'est généralisé en 2017 et est devenu une classe d'actifs, les autorités fiscales de différentes régions et pays veillent à ce que les gains d'investissement des cryptos soient correctement imposés. Découvrez comment vos revenus de trading de bitcoins sont imposés dans votre région et déclarez vos impôts sur les gains en capital à la fin de l'année civile. Vous pouvez utiliser l'application Bitcoin Tax ou CoinTracking pour déterminer la fourchette d'imposition.

24- Être jaloux En général, le trading sous le coup de l'émotion est une mauvaise idée. Si vous tradez à cause de votre envie du succès d'un collègue, vous êtes voué à beaucoup de frustrations. Il est très mauvais de trader par jalousie. Cela obscurcira votre jugement et affectera la façon dont vous interagissez avec les autres utilisateurs. La jalousie est une émotion épuisante qui vous empêche de voir les opportunités incroyables qui se présentent à vous. Si vous continuez à être jaloux, vos gains deviennent les gains des autres traders.

25- Ne pas tenir un journal de trading Si vous avez un plan, un journal de trading est l'endroit où vous enregistrez tous les aspects importants de vos transactions et décisions. Il vous aide à vous tenir responsable de vos actions et à revoir toutes vos erreurs de trading. Un journal sert également à prendre note de votre état émotionnel, de vos pensées et des résultats de vos transactions. Ne pas avoir de journal est l'une des plus grandes erreurs des traders débutants.

Le fait de tout noter, en particulier pendant vos premiers jours de trading, peut vous aider dans votre parcours vers le succès. En analysant vos enregistrements à un stade ultérieur, vous verrez pourquoi vous perdez certains trades et pourquoi certains trades donnent de meilleurs résultats. Cela vous aide à ajuster et à améliorer vos stratégies au fil du temps. Vous pouvez utiliser un journal papier ou une feuille excel.

Conseils de trading pour les débutants Lorsque vous commencez votre voyage vers le trading de bitcoins, soyez prêt à faire des erreurs. Avec un peu de chance, vous pourrez les minimiser grâce aux connaissances acquises dans ce chapitre. Concentrez-vous sur le respect des stratégies éprouvées et suivez votre instinct lorsque les choses se compliquent. En effectuant une transaction à la fois, vous perfectionnerez vos compétences en matière de trading de Bitcoin.

1- Développez un système simple qui fonctionne pour vous.

Étant nouveau dans ce jeu, vous pouvez être tenté d'adopter un système qui fonctionne pour les traders à succès. Bien que ce soit bien de les copier, ils peuvent être un peu compliqués si vous ne comprenez pas complètement le système. La meilleure option est d'utiliser un système simple qui met en évidence vos objectifs, se concentre sur les gains, minimise vos pertes et construit votre style de trading unique.

Au fur et à mesure que vous avancez en tant que trader crypto, vous apprendrez à improviser et à ajuster votre style en fonction de diverses situations.

2- Traitez avec un plan clair.

N'oubliez pas que les marchés crypto ont de " gros " traders qui attendent patiemment que des novices comme vous fassent une erreur et récupèrent votre argent. Rappelez-vous que ne pas planifier est synonyme de planifier l'échec. Il est crucial d'avoir un plan de trading et un motif pour entrer dans chaque transaction crypto. Vous devez avoir un objectif et l'utiliser comme une force motrice pour trader. Si vous avez un plan solide, vous ne vous précipiterez pas pour trader tous les jours. Parfois, vous devez rester à l'écart de certaines transactions pour protéger vos actifs. Établissez vos seuils de perte et fixez des objectifs de profit, afin de savoir quand il est temps de sortir de votre position. Cela réduira vos pertes et vous épargnera des réactions émotionnelles qui peuvent vous inciter à risquer davantage. Ne soyez pas avide, il y aura toujours un autre trade à gagner.

3- Apprenez à gérer les risques.

Les traders intelligents ne courent jamais dans la direction d'énormes profits. Ils préfèrent accumuler de petits profits sûrs en effectuant des transactions régulières sur Bitcoin. Les débutants tombent dans le piège en suivant le troupeau qui court dans le sens de trader plus pour gagner plus, mais le risque de perdre est alors plus grand. Établissez vos stop-loss et fixez des objectifs de profit, afin de savoir quand il est temps de sortir de votre position. Utilisez les outils d'atténuation des risques de votre plateforme de trading pour verrouiller vos profits et vos risques. Cela vous aidera à réduire les pertes, à récupérer et à rester dans le domaine du trading de bitcoins. Ne soyez pas avide, il y aura toujours un autre trade à gagner.

4- Comprendre le marché cryptographique Eduquez-vous. Apprenez autant que vous le pouvez pour trader de manière rentable. L'éducation cryptographique est votre ticket d'entrée sûr pour un trading réussi. Il existe de nombreuses ressources d'apprentissage fiables disponibles pour vous. Ce livre vous fournit les connaissances de base, alors continuez à apprendre. Lisez les blogs populaires et les crypto hubs avec des avis d'experts et des informations approfondies sur les tendances du marché du bitcoin. Évitez d'anthropomorphiser le marché des crypto-monnaies. Il s'agit d'une entité ou d'une agence qui n'a pas de caractéristiques humaines.

Le marché ne représente que la somme des transactions économiques, ne le considérez donc jamais comme le fondement de la philosophie du trading. Apprenez l'analyse avancée du marché en augmentant votre capacité à lire les tendances, les nouvelles et les mises à jour du développement du bitcoin. Être capable de lire des graphiques avec une plus grande précision vous aide à prédire l'évolution du prix du bitcoin avec exactitude. Maîtrisez à la fois l'analyse technique et l'analyse fondamentale pour comprendre les mouvements du marché et les tendances du trading.

5- Utilisez une plateforme fiable et de confiance Investissez dans une plateforme disposant d'excellents outils et offrant de faibles frais de transaction. Vous ne voulez pas perdre une grande partie de vos profits durement gagnés sur des frais de transaction élevés. Une excellente alternative est une plateforme de trading automatisée, alimentée par l'IA, qui négocie automatiquement et dégage des bénéfices. La disponibilité des bourses 24 heures sur 24 et 7 jours sur 7 offre la commodité du trading, la liquidité et un accès plus rapide aux gains.

6-Maîtriser la psychologie du trading La psychologie du trading consiste à reconnaître les émotions, en particulier la peur et la cupidité, mais à apprendre à penser rapidement et à exercer une discipline pour s'en tenir à votre plan de trading. Tout en apprenant les secrets du trading de crypto-monnaies, vous devez étudier comment les traders professionnels de Bitcoin pensent et exécutent les transactions. Adoptez l'état d'esprit des traders expérimentés, tout en travaillant sur votre style de trading.

En maîtrisant le trading psychologique, vous apprendrez à minimiser les pertes, à prendre conscience des risques potentiels et des attractions qui font basculer les émotions, et à maximiser les profits. Le trading ne consiste pas à prendre des risques mais à savoir quand négocier. Il ne s'agit pas d'être chanceux dans le jeu crypto, mais d'être déterminé, résilient, bien informé et prêt à explorer les opportunités.

7-Croyez en vous Lorsque vous vous lancez dans une bataille, vos compétences et vos connaissances constituent vos propres forces et défenses. S'il est vrai que les personnes qui vous entourent peuvent vous aider à mieux comprendre le trading, c'est toujours votre propre style qui fera de vous un expert dans ce domaine. Ne vous laissez donc pas mettre sous pression par vos pairs ou par des gourous du trading autoproclamés qui tenteront d'influencer vos décisions et votre jugement. À la fin de chaque journée de trading, ce sont vos propres objectifs financiers qui comptent, alors soyez votre propre oracle en effectuant des transactions calculées et éclairées.

8 - Soyez un trader cool Les traders qui réussissent le mieux sont ceux qui développent l'art de trader objectivement. Le trading émotionnel est un piège qui vous empêche de bien comprendre le trading. Allez-y doucement et attendez le bon moment. Revoyez toujours votre plan et enregistrez votre expérience de trading. Acceptez le fait que parfois vous perdez, parfois vous gagnez. Au fur et à mesure que vous progresserez dans le trading, vous réaliserez que les erreurs et les mauvais calculs sont une source de sagesse intemporelle qui fera de vous un meilleur trader.

Ce qu'il faut retenir Maîtriser l'art et la science du trading n'est pas facile. Il faut beaucoup d'efforts pour apprendre, comprendre et réussir. Ne vous mettez pas la pression pour devenir un magicien du trading instantané. Respectez toujours votre plan de négociation, apprenez-en davantage sur le marché et les tendances, et appréciez le défi. La clé est de faire preuve de patience, de prudence et de ne jamais laisser vos émotions dominer votre jugement.

Conclusion

Enfin, nous sommes arrivés à la fin de ce livre. Nous avons discuté de ce qu'est une crypto-monnaie et de son fonctionnement. Nous avons également parlé du minage et de la façon dont vous pouvez vous lancer dans le monde du minage. Nous avons également discuté de toutes les différentes crypto-monnaies et de leurs caractéristiques et avantages.

Les crypto-monnaies sont un marché émergent, mais c'est un marché très prometteur. Investir dans les crypto-monnaies est une entreprise très lucrative, mais qui comporte certains risques. Nous espérons que ce livre vous a appris à tirer le meilleur parti de vos investissements en crypto-monnaies.

Une chose à retenir est que dans le domaine des crypto-monnaies, il y a beaucoup de volatilité. Les prix des crypto-monnaies peuvent osciller à la hausse ou à la baisse de plusieurs points de pourcentage en une seule journée. Il est donc conseillé de faire preuve de prudence et de n'investir qu'un montant que vous pouvez vous permettre de perdre si les choses tournent mal.

Si vous êtes intéressé par l'investissement dans les crypto-monnaies, alors nous espérons que ce livre vous a donné les informations dont vous avez besoin pour commencer. Nous espérons que vous avez apprécié ce livre, et que vous avez beaucoup appris de lui.

Merci et bonne chance !

www.ingramcontent.com/pod-product-compliance
Lightning Source LLC
LaVergne TN
LVHW040435051026
849517LV00002B/612
9798201053673